Die Polizeibehörden

in ihrer Thätigkeit

als Hülfsbeamte der Staatsanwaltschaft und als Polizeirichter.

Nach den Bestimmungen der Strafprozeßordnung
und sämmtlicher Landesgesetze

für

Bürgermeister, Amtsvorsteher, Ortsvorstände

und andere Polizeibeamte sämmtlicher deutscher Staaten

zusammengestellt

von

R. Höfling,

Amtsrichter in Salzungen.

Leipzig,

Verlag von Veit & Comp.

1881.

Vorwort.

Die Polizeibehörden der deutschen Bundesstaaten sind zwar überaus verschieden organisirt, insbesondere sind sehr verschiedene Beamte mit der Wahrnehmung der Functionen der gerichtlichen Polizei betraut; allein durch die Strafprozeß-Ordnung sind eine Reihe wichtiger gemeinschaftlicher Grundsätze der Organisation und des Verfahrens aufgestellt worden. Ebenso hat dieses Gesetz die feste Grundlage für die den Polizeibehörden landesgesetzlich überwiesene Straffestsetzungsbefugniß geschaffen, welche in den einzelnen Landesgesetzen hier und da verschieden, aber doch in einer wesentlich übereinstimmenden Weise ausgebaut worden ist.

Alle diese für die Polizeibehörden wesentlichen Grundsätze zusammen zu fassen und zu erläutern, dabei die einzelnen landesgesetzlichen, über die polizeiliche Straffestsetzung ergangenen Bestimmungen mit anzuschließen, auch diejenigen allgemeinen Prozeßgrundsätze mit aufzunehmen, welche bei Ausübung der polizeilichen Straffestsetzungsbefugniß zu beachten sind, ist Zweck der nachfolgenden Zusammenstellung.

Sie will somit den Amtsvorstehern, Ortsvorständen und sonstigen mit der Handhabung der Polizei betrauten Personen eine kurze, leicht faßliche und vollständige Uebersicht aller für sie maßgebenden reichs- und landesgesetzlichen Bestimmungen geben, deren Aufsuchen, weil in viele Reichs- und Landesgesetze zerstreut, unsicher und zeitraubend ist, welche auch in der engen Gesetzesform dem Verständniß oft weniger leicht zugänglich sind.

Aus Zweckmäßigkeitsgründen ist der 29. Abschnitt des Strafgesetzbuchs — die Uebertretungen — sowie eine Uebersicht der in sonstigen Reichsgesetzen enthaltenen polizeilichen Strafvorschriften mit angefügt.

Möge das Buch seinen praktischen Zweck erfüllen!

Inhaltsverzeichniß.

II. Theil.

Polizeiliche Strafverfügungen.

(Thätigkeit der Polizeibehörden als Polizeirichter.)

Abkürzungen.

Abs.	=	Absatz.
Anm.	=	Anmerkung.
B.Ges.	=	Bundesgesetz.
betr.	=	betreffend.
bezw.	=	beziehungsweise.
d. h.	=	das heißt.
Einf.Ges.	=	Einführungsgesetz.
Erk. d. R.Ger.	=	Erkenntniß des Reichsgerichts.
Geb.O.	=	Gebühren=Ordnung.
Ges.	=	Gesetz.
G.K.G.	=	Gerichtskostengesetz.
G.V.G.	=	Gerichtsverfassungsgesetz.
Minist.Bl.	=	Ministerialblatt.
Minist.Bek.	=	Ministerial=Bekanntmachung.
Nr.	=	Nummer.
R.Ges.	=	Reichsgesetz.
Regl.	=	Reglement.
St.G.B.	=	Strafgesetzbuch.
St.P.O.	=	Strafprozeßordnung.
Vgl.	=	Vergleiche.
V.O.	=	Verordnung.

Einleitung.

§§. 1–4.

Die Sicherheitspolizei hat die doppelte Aufgabe: §. 1.

1. Gefährdungen der öffentlichen Ruhe, Ordnung und Sicherheit zu verhindern,

2. für bereits geschehene Gefährdungen die gesetzliche Bestrafung herbeizuführen.

Die polizeiliche Thätigkeit im ersten Fall heißt die Verwaltungspolizei, Sicherheitspolizei im engsten Sinne, die polizeiliche Thätigkeit im letzten Fall heißt die gerichtliche Polizei.

Meist üben dieselben Organe beide Arten der Polizei aus; aber die Grundsätze des amtlichen Handelns sind in beiden Fällen verschieden.

Im ersten Theil dieses Buches (§§. 1—62) sollen die Grundsätze der St.P.O., insoweit sie für die Behörden der gerichtlichen Polizei von Bedeutung sind, gegeben werden und zwar wird: §. 2.

1. von der Stellung der gerichtlichen Polizeibehörden im Allgemeinen,

2. von ihrer Thätigkeit bei Aufnahme von Anzeigen, sowie bei Anstellung von Erörterungen, sodann aber von den wichtigeren amtlichen Handlungen,

3. von der Durchsuchung,

4. von der Beschlagnahme und

5. von der vorläufigen Festnahme von Personen

gesprochen werden. —

§. 3. Eine praktisch ungemein wichtige Thätigkeit der Polizeibehörden, wo ihnen diese durch Landesgesetz besonders übertragen ist, ist die der vorläufigen Straffeststellung, welche der zweite Theil dieses Buches (§§. 63—126) behandelt.

Grundsätzlich können Strafen nicht anders auferlegt werden, als durch den Richter. Die frühere Polizeigerichtsbarkeit hat damit ihr Ende erreicht. Eine Ausnahme davon bildet das Recht der vorläufigen Straffestsetzung durch die Verwaltungsbehörden, in gesetzlich bestimmten Fällen wesentlich im Interesse der Betheiligten zur Ersparung von Zeit und Kosten vorläufig eine Strafe festzusetzen. Will der davon Betroffene sich bei der Strafe nicht beruhigen, so steht ihm frei, sich dagegen auf rechtliches Gehör, d. h. auf die Entscheidung seines zuständigen Richters, zu berufen.

Den festen Rahmen für diese polizeiliche Straffestsetzungsbefugniß geben die §§. 453—458 St.P.O., deren Text im §. 65 enthalten ist.

Die meisten Staaten des deutschen Reichs haben innerhalb dieses Rahmens besondere Ausführungsbestimmungen getroffen.

Diese landesgesetzlichen Bestimmungen sind, um nicht durch ihr Detail die Uebersichtlichkeit für den Gebrauch zu stören, in besonderen Anmerkungen mitgetheilt.

§. 4. Eine eingehende Kenntniß der Strafgesetze ist dem Polizeibeamten nicht zuzumuthen. Doch muß er im Stande sein, sich darüber zu vergewissern, ob eine Handlung gesetzlich strafbar ist oder nicht. Deßhalb muß er stets sein Strafgesetzbuch[1] zur Hand haben und auch die neben diesem geltenden Strafgesetze und Polizeiverordnungen wenigstens ihrer Existenz nach kennen, um sich aus ihnen des Näheren Raths zu erholen.

[1] Empfehlenswerth und in jeder Buchhandlung zu haben (Pr. 1 Mk.) Rüdorff, Strafgesetzbuch, Berlin bei Guttentag.

I. Theil.

Stellung und Thätigkeit der Polizeibehörden als Hülfsbeamte der Staatsanwaltschaft.

(Sogen. gerichtliche Polizei.)

I. Stellung der als Hülfsbeamte der Staatsanwaltschaft bestellten Behörden und Beamten des Polizei- und Sicherheitsdienstes und deren Dienstkreis im Allgemeinen.

§§. 5–20.

Verhältniß zur Staatsanwaltschaft und den Gerichten. §. 5.

Die Staatsanwaltschaft hat, wenn sie durch eine Anzeige oder in anderer Weise von dem Verdacht einer strafbaren Handlung Kenntniß erhält, zunächst den Sachverhalt zu erforschen. Diese Nachforschungen, namentlich die durch die Sachlage gebotenen Vernehmungen, kann sie entweder unmittelbar selbst vornehmen, oder durch Vermittelung anderer Behörden und Beamten herbeiführen.

Neben den richterlichen Behörden, denen die eidlichen Vernehmungen vorbehalten bleiben, kommen vorzugsweise die Behörden und Beamten des Polizei- und Sicherheitsdienstes in Betracht. Diese sind im §. 153 des G.V.G. ausdrücklich als Hülfsbeamte der Staatsanwaltschaft genannt; die nähere Bezeichnung derjenigen Beamtenklassen, auf welche diese Benennung Anwendung findet, ist durch die Landesgesetzgebung erfolgt.[1]

Uebereinstimmend sind überall als solche bezeichnet:

1. in den Städten die mit Wahrung der Polizeifunctionen betrauten Beamten, Polizeicommissäre, Bürgermeister, deren Stellvertreter,

2. die Amtsvorsteher, Guts- und Gemeindevorsteher und deren Stellvertreter,[2]

ferner (jedoch nicht in Preußen),

---

[1] Die einschlägigen Landesgesetze sind:

Preußen: Verfügg. v. 15./9. 1879 (Just.-Min.-Bl. S. 349). Bayern: V.O. v. 31./8. 1879 (Just.-Min.-Bl. S. 536). Sachsen (Königreich): V.O. v. 19./9. u. 6./10. 1879 (Ges. u. V.O.-Bl. S. 372 u. 388). Württemberg: V.O. v. 27./9. 1879 (Reg.-Bl. S. 404). Baden: V.O. v. 17./7. 1879 (Ges. u. V.O.-Bl. S. 545). Hessen: V.O. v. 14./5 1879 (Reg.-Bl. S. 197). Mecklenburg-Schw. u. Str. V.O. v. 17./5. 1879 (Reg.-Bl. Nr. 20. S. 131). Sachsen-Weimar: V.O. v. 16./8. 1879 (Reg.-Bl. S. 447). Oldenburg: Bek. v. 7. u. 18./8. 1879 (Ges.-Bl. für Old. S. 462, für Birkenf. S. 323). Braunschweig: V.O. v. 21./4. 1879 (Nr. 22). Sachsen-Meiningen: Min. Bek. v. 1./9. 1879 (Sammlg. S. 231). Sachsen-Coburg-Gotha: V.O. v. 3./9. 1879 (Ges.-Sammlg. S. 229). Sachsen-Altenburg: V.O. v. 10./10. 1879 (Ges.-Sammlg. S. 234). Anhalt: Reskr. v. 16./9. 1879. Schwarzburg-Sondershausen: V.O. v. 9./10. 1879 (Ges.-Sammlg. S. 215). Schwarzburg-Rudolstadt: V.O. v. 27./8. 1879 (Ges.-Sammlg. S. 285). Reuß-Greiz: V.O. v. 11./9. 1879 (Ges.-Sammlg. S. 239). Reuß-Schleiz: V.O. v. 18./9. 1879 (Ges.-Sammlg. S. 133). Waldeck: Bek. v. 27./9. (Ges.-Sammlg. S. 106). Lippe-Detmold: Bek. v. 28./8. 1879 (Ges.-Sammlg. S. 756). Lippe-Schaumburg: Allgem. Verf. v. 26./9. 1879 (Landesverord. S. 309). Hamburg: Bek. v. 26./9. 1879 (Ges.-Samml. S. 76). Lübeck: V.O. v. 15./9. 1879 (Sammlg. Nr. 61. S. 210). Bremen: V.O. v. 22./8. 1879 (XII). Elsaß-Lothringen: V.O. v. 13./6. 1879 (Ges.-Bl. S. 61) u. V.O. v. 26./1. 1880 (Ges.-Bl. S. 6).

[2] Württemberg: 1. Ortsvorsteher, mit Ausnahme der Ortsvorsteher in den Gemeinden, in denen für die selbständige Verwaltung der Polizei ein besonderer Beamter aufgestellt ist, ferner 2. die mit Verwaltung der Polizei an Stelle des Ortsvorstehers beauftragten Gemeindebeamten.

3. die Beamten der Landgendarmerie,

4. die Forst- und Feldschutzbeamten, } bez. der in ihren Dienstkreis fallenden strafbaren Handlungen.[1]
5. Eisenbahnpolizeibeamte.

Diese durch die Landesgesetzgebung bezeichneten Behörden und Beamten des Sicherheitsdienstes sind den Staatsanwälten bei dem Landgerichte ihres Bezirkes dienstlich untergeordnet; sie haben den Anordnungen derselben und der diesen vorgesetzten Beamten (Oberstaatsanwalt, Reichsanwalt) Folge zu leisten; sie sind daher auch im Bereich ihrer dienstlichen Unterordnung der Disciplinargewalt derselben unterworfen.

Zu den Staatsanwälten anderer Landgerichtsbezirke stehen sie in diesem Verhältniß der dienstlichen Unterordnung nicht. Jedoch sind sie auch diesen gegenüber verpflichtet, deren an sie ergehende Ersuchen und Aufträge ohne Verzug zu erledigen (§. 159 St.P.O.). Jeder Staatsanwalt des deutschen Reiches ist berechtigt, direkt Aufträge an jede deutsche Polizei- und Sicherheitsbehörde zu richten. — §. 6.

Den Amtsanwälten, d. h. denjenigen Vertretern der Staatsanwaltschaft, welche das Amt derselben bei den Amts- und Schöffengerichten wahrnehmen, sind sie dagegen dienstlich nicht unterstellt. Dieselben können ihnen keine Aufträge ertheilen, sondern haben sie um ihre Dienstleistungen zu ersuchen, ohne daß sie jedoch diese ablehnen dürften. Sie sind vielmehr verpflichtet, auch die Ersuchen der Amtsanwälte zu erledigen. — §. 7.

Ferner sind die Behörden und Beamten des Polizei- und Sicherheitsdienstes verpflichtet, Ersuchen oder Aufträgen des Untersuchungsrichters um Ausführung einzelner Maßregeln oder um Vornahme von Ermittelungen zu genügen. §. 8.

---

[1] In Preußen ferner, wo die Kreisordnung noch nicht eingeführt ist, die Polizei-Districts-Kommissarien, die Gutspolizeiverwalter, die Amtsmänner, Kirchspiels-Hardes-, Land- und Inselvögte, endlich eine große Zahl von Specialbeamten für ihre Ressorts (Bergbau-, Fischerei-, Schiffswesen und dergl.).

Ebenso denen des Amtsrichters, wenn diesem die Führung der Voruntersuchung übertragen ist.

§. 9. Den Amtsrichtern sind sie, — außer im ebengedachten Falle, — nicht untergeordnet.

Ihr Dienstkreis im Allgemeinen (§§. 10—20).

§. 10. Ihrer Aufgabe entsprechend haben die Polizeibehörden vor Allem die Pflicht, alle Anzeigen strafbarer Handlungen entgegenzunehmen (vergl. hierüber §§. 21 ff.). —

§. 11. Ferner in Bezug auf solche Handlungen alles, was zur Ermittlung des Thäters führen kann, zu erforschen; hierbei aber haben sie sich nicht darauf zu beschränken, diejenigen Thatsachen, welche gegen einen der That Verdächtigen sprechen, zu erörtern; ebenso sind von ihnen auch die Umstände zu berücksichtigen, welche für denselben, für seine Schuldlosigkeit, sprechen. Denn wie die Staatsanwaltschaft selbst ebenso zur Ermittlung der zur Entlastung eines Verdächtigen, wie der zur Belastung dienenden Beweismittel verpflichtet ist, so trifft diese Pflicht auch die Polizeibehörden.

§. 12. Sie haben aber ferner zu erwägen, ob sich aus irgend einem Grund eine weitere Thätigkeit ihrerseits nöthig macht; denn (§. 161 St.P.O.) sie sind berechtigt, alle keinen Aufschub duldenden Anordnungen zu treffen, um die Verdunklung der Sache zu verhüten. Dahin gehört: Erhaltung des Ortsbefunds zum Zweck einer gerichtlichen Augenscheinseinnahme aller auf That und Thäterschaft bezüglichen Spuren, Erhebung derjenigen Beweise, deren Verlust bei einer auch nur kurzen Säumniß drohen würde, wie z. B. die Vernehmung tödlich verletzten Personen, geeignetenfalls unter Vorstellung des der That Verdächtigen, unter Umständen die Festnahme desselben (§§. 49ff.) die Vornahme von Durchsuchungen und Beschlagnahmen (§§. 36ff., 142ff.).

§. 13. Unter allen Umständen, haben sie bei jeder Anzeige die persönlichen Verhältnisse des Verdächtigen festzustellen, also vollständigen Vor- und Zunamen, Geburts- und Wohnort, Alter, Religion, Stand oder Gewerbe, das Militärverhältniß und endlich etwaige Vorbestrafungen, insbesondere soweit sie wegen Diebstahls, Raubs, Hehlerei und Betrugs erfolgt sind, da diese unter Umständen für die Zuständigkeit des Gerichtes maßgebend sind.

Sie übersenden ihre Verhandlungen ohne Verzug der Staatsanwaltschaft, also in Fällen, die zur Zuständigkeit des Schöffengerichts gehören (§. 35), dem Amtsanwalt, in allen andern dem Staatsanwalt. Ist besondere Eile erforderlich, machen sich insbesondere richterliche Handlungen nöthig, so haben sie ihre Berichte unter thunlichster Beschleunigung an den Amtsrichter ihres Bezirks zu befördern. Dies gilt insbesondere bei zweifelhaften Todesfällen, zum Zweck der eidlichen Vernehmung von tödtlich verletzten Personen und in ähnlichen Fällen. §. 14.

Das hauptsächlichste Mittel, welches ihnen zur Erreichung dieses ihres Zweckes zur Verfügung steht, ist die Vernehmung von Auskunftspersonen (§§. 29ff.), unter Umständen kann auch die des Verdächtigen (§. 32) zweckmäßig sein. Meist wird sich an die Vernehmung des Verletzten die des Verdächtigen und sodann die der ermittelten Zeugen anschließen. Doch empfiehlt es sich, in schweren Verbrechensfällen davon abzusehen und die Einleitung des Verfahrens der Staatsanwaltschaft zu überlassen, so daß sich die Polizeibehörde hier auf Entgegennahme der Anzeige und Anordnung dringender Maßregeln zu beschränken hat. In weniger schweren Fällen dagegen ist die Vernehmung der ermittelten Auskunftspersonen zweckmäßig, weil dadurch die Staatsanwaltschaft zur sofortigen Erhebung der Anklage in den Stand gesetzt wird, ohne erst ihrerseits Vorerörterungen veranlassen zu müssen. §. 15.

Neben dieser auf selbständiger Entschließung beruhenden Thätigkeit haben sie die ihnen von den Staatsanwaltschaften (§. 159 St.P.O.) und dem Untersuchungsrichter (§. 187 St.P.O.) ertheilten Aufträge um Ausführung einzelner Maß- §. 16.

regeln oder um Vornahme von Ermittlungen zu erledigen.

§. 17. Weiter haben die Polizeibehörden von den in den Blättern veröffentlichsten Steckbriefen Kenntniß zu nehmen und für Verhaftung der in ihrem Bezirk ermittelten Verfolgten und Ueberlieferung an die ersuchende Behörde Sorge zu tragen.

§. 18. Endlich sei hier noch ihre Verpflichtung erwähnt, bezüglich der in ihrem Bezirk wohnenden Personen eine genaue Kontrolle der zu ihrer Kenntniß kommenden Bestrafungen zu üben und durch Führung ordnungsmäßiger (zweckmäßig alphabetisch anzulegender) Listen sich in den Stand zu setzen, auf Verlangen sofortige und zuverlässige Auskunft über Personalien und Vorbestrafungen zu geben.

§. 19. Bei Amtshandlungen an Ort und Stelle ist der Beamte, welcher dieselben leitet, befugt, Personen, welche seine amtliche Thätigkeit vorsätzlich stören oder sich den von ihm innerhalb seiner Zuständigkeit getroffenen Anordnungen widersetzen, festnehmen und sie bis zur Beendigung seiner Amtsverrichtungen, jedoch nicht über den nächstfolgenden Tag hinaus, festhalten zu lassen (§. 162 St.P.O.).

§. 20. Ihre Stellung hat zur Folge, daß die Bestimmungen des St.G.B. über Verbrechen und Vergehen im Amte auf sie Anwendung finden.

Insbesondere kommen für sie die Bestimmungen der §§. 331. 332. 339. 340. 341. 342. 343. 346 St.G.B. in Betracht.

II. Aufnahme von Anzeigen und Anstellung von Erörterungen.

§§. 21—35.

Aufnahme von Anzeigen (§§. 21—25).

§. 21. Anzeigen strafbarer Handlungen oder Anträge auf Strafverfolgung können bei der Staatsanwaltschaft, den Behörden und Beamten des Polizei- und Sicherheitsdienstes und den Amtsgerichten mündlich oder schriftlich angebracht werden.

Die Anzeige ist entgegenzunehmen ohne Rücksicht darauf, ob der Thäter wegen eines der in den §§. 51ff. des St.P.O. aufgeführten Strafausschließungsgründe — wie Geisteskrankheit, Zwang, Nothwehr, Nothstand, kindliches und jugendliches Alter — zur Bestrafung herangezogen werden kann oder nicht. Die Entscheidung darüber steht nicht bei der Polizeibehörde.

Ebenso ist es — abgesehen von den Fällen der Antragsvergehen, vgl. unten §. 22 — gleichgültig, ob der Thäter sich etwa mit dem Beschädigten privatim geeinigt, „verglichen" hat.

Ueber die mündliche Anzeige muß von der Polizeibehörde eine schriftliche Beurkundung (in Form eines Protokolls oder einer Registratur) aufgenommen werden; das Protokoll ist zweckmäßigerweise vom Anzeigenden unterschreiben zu lassen.

Bei strafbaren Handlungen, deren Verfolgung nur auf Antrag eintritt, muß der Antrag bei dem Gericht oder der Staatsanwaltschaft schriftlich oder zu Protokoll, — bei einer andern Behörde, also bei jeder Polizeibehörde, **schriftlich** angebracht werden. Hierzu genügt es jedoch, wenn der Antragsteller seine von der Polizeibehörde niedergeschriebene Erklärung unterschreibt. (Vgl. Erk. d. R.Ger. v. 28./6. 80.)

Früher konnte in derartigen Fällen, z. B. bei Hausfriedensbruch, leichter Körperverletzung und anderen nur auf Antrag zu verfolgenden Vergehen, die Anzeige mit dem erforderlichen Strafantrag schriftlich oder mündlich angebracht werden; jetzt muß dieser Antrag — wenn er bei der Polizeibehörde gestellt wird — stets schriftlich gestellt werden. Geschieht dies nicht, so liegt kein gehörig gestellter Strafantrag vor. (§. 156 St.P.O.)

Bevor die Polizeibehörde irgendwie thätig werden kann, muß dieser schriftliche Strafantrag — und zwar innerhalb dreier Monate von dem Tage an, an welchem der zum Antrag Berechtigte von der Handlung und von der Person des Thäters Kenntniß erlangt hat — vorliegen. Ueber eine Ausnahme bei Gefahr im Verzug sind unten §§. 52 u. 51 zu vergleichen.

Landesgesetzlich sind besondere weitere Bestimmungen über die Aufnahme von Anzeigen getroffen.[1]

Bei Aufnahme von Anzeigen ist besonders auf Vollständigkeit Bedacht zu nehmen, um zeitraubendes Hin- und Herschicken derselben zu vermeiden. Es ist in dieser Beziehung besonders auf folgende Punkte hinzuweisen:

§. 22. In allen Fällen, in welchen das Strafverfahren von einem Antrag des Verletzten abhängt, ist zu prüfen, ob der zum Antrag Berechtigte (§. 65 St.G.B.[2]) auch rechtzeitig (§. 61 St.G.B.[3]) und in der gehörigen Form (§. 156 St.P.O.), vgl. oben §. 21, den erforderlichen Strafantrag gestellt hat. Ist letzteres nicht geschehen, so ist derselbe darüber zu belehren und zur Stellung eines solchen gehörigen Strafantrags zu veranlassen.

[1] So: Preußen, V.O. des Min. d. J. v. 7./8. 1880: „Die Gendarmen haben die Anzeigen nicht an den Staatsanwalt, sondern an die Ortspolizeibehörde, in deren Bezirk die Strafthat verübt ist, einzureichen. Nur von schweren und wichtigen Verbrechen haben sie gleichzeitig der Staatsanwaltschaft eine direkte Mittheilung zugehen zu lassen und auch ihrer vorgesetzten Dienstbehörde Anzeige zu erstatten. — Anzeigen von Beleidigungen und Widersetzlichkeiten, die gegen sie selbst verübt sind, haben sie direkt an die Staatsanwaltschaft zu richten".

Baden, V.O. v. 11./9. 1879 §. 1: „Die Anzeigen von Uebertretungen im Sinne des §. 1. Abs. 3 St.G.B. sind an das Bezirksamt als Bezirkspolizeibehörde zu richten und zwar regelmäßig desjenigen Bezirksamts, in dessen Bezirk die Uebertretung begangen wurde."

[2] §. 65 St.G.B. „Der Verletzte, welcher das achtzehnte Lebensjahr vollendet hat, ist selbständig zu dem Antrag auf Bestrafung berechtigt.

So lange der Verletzte minderjährig ist, hat der gesetzliche Vertreter desselben, unabhängig von der eigenen Befugniß des Verletzten, das Recht, den Antrag zu stellen.

Bei bevormundeten Geisteskranken und Taubstummen ist der Vormund der zur Stellung des Antrags Berechtigte."

[3] §. 61 St.G.B. „Eine Handlung, deren Verfolgung nur auf Antrag eintritt, ist nicht zu verfolgen, wenn der zum Antrag Berechtigte es unterläßt, den Antrag binnen drei Monaten zu stellen. Diese Frist beginnt mit dem Tage, seit welchem der zum Antrag Berechtigte von der Handlung und von der Person des Thäters Kenntniß gehabt hat."

Das St.G.B. verlangt einen solchen Strafantrag des Verletzten im Fall folgender strafbarer Handlungen:

1. bei Beleidigungen und leichten Körperverletzungen (auch sog. gefährlichen, qualificirten — §§. 185—187. 223. 223a. 230 St.G.B.);
2. bei Diebstahl und Unterschlagung (§§. 242 und 246 St.G.B.) gegen Angehörige, Vormünder oder Erzieher — oder der Lehrlinge und des Gesindes, welches in häuslicher Gemeinschaft mit dem Bestohlenen lebt, falls das Vergehen Sachen von unbedeutendem Werthe zum Gegenstand hat

   (Angehörige sind Verwandte und Verschwägerte in auf- und absteigender Linie, Adoptiv- und Pflege-Aeltern und -Kinder, Ehegatten, Geschwister und deren Ehegatten und Verlobte — §. 52 St.G.B.);
3. bei Betrug (§. 263 St.G.B.) gegen Angehörige, Vormünder oder Erzieher;
4. bei Entwendung von Nahrungs- und Genußmitteln in unbedeutendem Werth oder in geringer Menge zum alsbaldigen Verbrauch — §. 370 Ziff. 5 St.G.B. —

   (doch soll eine solche Entwendung, welche von Verwandten aufsteigender Linie gegen Verwandte absteigender Linie, also z. B. von Eltern gegen Kinder oder von einem Ehegatten gegen den andern begangen ist, straflos bleiben);
5. bei Wegnahme von Getreide oder von anderen zur Fütterung des Vieh's bestimmten oder geeigneten Gegenständen wider Willen des Eigenthümers, um dessen eigenes Vieh damit zu füttern (§. 370 Ziff. 6 St.G.B.);
6. bei Jagdvergehen (Wilddiebstahl — §§. 292. 293 St.G.B.), wenn der Thäter ein Angehöriger der Jagdberechtigten ist

   (Angehöriger: vgl. oben Abs. 2);
7. bei einfachem Hausfriedensbruch (§. 123 Abs. 1. St.G.B.);

8. bei Vergehen gegen §. 170 St.G.B. (Verleitung zur Eingehung einer ungültigen Ehe);
9. bei Ehebruch, wenn wegen desselben die Ehe geschieden ist (§. 172 St.G.B.);
10. bei Vergehen gegen §. 179 St.G.B. (Verleitung zum Beischlaf durch Vorspiegelung einer Trauung oder Ehe);
11. bei Verführung eines Mädchens von 14—16 Jahren zum Beischlaf (§. 182 St.G.B.)
(hier auf Antrag der Eltern oder des Vormunds);
12. bei Entführung einer Frauensperson wider ihren Willen um sie zur Unzucht zu bringen (§. 236 St.G.B.);
13. bei Entführung einer minderjährigen unverehelichten Frauensperson mit ihrem Willen (§. 237 St.G.B.);
14. bei Veräußerung oder Beiseiteschaffen von Vermögensstücken bei drohender Zwangsvollstreckung (§. 288 St.G.B.);
15. bei unbefugter Eröffnung von Briefen (§. 299 St.G.B.);
16. bei unbefugter Offenbarung von Privatgeheimnissen seitens der Ärzte, Wundärzte, Hebammen, Apotheker, Advocaten, Notare und Vertheidiger in Strafsachen (§. 300 St.G.B.);
17. bei Vergehen gegen §. 301 und 302 St.G.B. (strafbarem Eigennutz Minderjährigen gegenüber);
18. bei einfacher Sachbeschädigung (§. 303 St.G.B.).

Der Strafantrag kann — jedoch nur bis zur Verkündung eines auf Strafe lautenden Urtheils — zurückgezogen werden in den Fällen unter 1 (Beleidigung), 2, 3, 4, 5, 6, ferner unter 1 (Körperverletzung) und 18 dann, wenn das Vergehen gegen einen Angehörigen verübt ist.[1]

§. 23. Bei Eigenthumsvergehen (Diebstahl, Unterschlagung, Betrug, Sachbeschädigung, Hehlerei und Begünstigung) ist der Werth des Gestohlenen 2c. 2c. durch Befragen des Verletzten zu ermitteln und in die Anzeige aufzunehmen.

---

[1] Alsdann fallen jedoch dem Antragsteller die bis dahin erwachsenen Kosten zur Last. (§. 69. G.K.G.)

Bei Körperverletzungen, Tödtungen, Drohungen, Diebstahl, Jagdvergehen, Münzvergehen u. s. f. sind die bei der strafbaren Handlung benutzten Werkzeuge festzustellen. Wenn thunlich sind sie alsbald der Anzeige beizufügen. Vielfach wird es jedoch genügen, wenn sie von der Polizeibehörde vorerst in Verwahrung genommen werden. Es ist dies in der Anzeige mit zu vermerken. (Vergl. unten § 42, Beschlagnahme.) §. 24.

Die Folgen, welche Körperverletzungen für den Gesundheitszustand des Verletzten gehabt haben, insbesondere ob ein längerer Krankheitszustand oder dauernde Arbeitsunfähigkeit verursacht worden ist, sind, wenn thunlich, in die Anzeige mit aufzunehmen. §. 25.

In wichtigeren Fällen ist der Verletzte zur Ueberreichung eines ärztlichen Gutachtens zu veranlassen.

Die Art und Weise der Verübung (insbesondere bei Diebstahl, ob mittelst Einsteigens oder Erbrechens von Behältnissen, mittelst Gebrauchs falscher Schlüssel oder anderer Werkzeuge, mittelst Abschneidens oder Ablösens der Verwahrungs- und Befestigungsmittel, ob zur Nachtzeit, mit Waffen oder in Verbindung mit Mehreren) ist wo möglich zu ermitteln. §. 26.

Endlich sind, wenn thunlich, der Anzeige die Verbrechensgegenstände beizulegen, z. B. die Urkunden, deren Fälschung zur Anzeige gebracht wird und dergl. Unter Umständen (z. B. bei Diebstahl und Sachbeschädigung) kann es auch statthaft erscheinen, die Sachen dem Eigenthümer vorerst zurückzugeben, mit der Auflage jedoch, bis zur Beendigung der Untersuchung nicht über dieselben zu verfügen. Maßgebend ist, daß sie als Beweismittel für die Untersuchung sicher zu stellen sind. §. 27.

Der Aufnahme von Anzeigen über Beleidigungen und ganz leichte Körperverletzungen, welche nur im Wege der Privatklage zu verfolgen sind, haben sich die Polizei- und Sicherheitsbehörden ganz zu enthalten. Werden solche bei ihnen zur Anzeige gebracht, so ist der Anzeigende, wenn er mit seinem Gegner in einem Bezirk wohnt, §. 28.

zu bedeuten, daß, bevor das von ihm beantragte gerichtliche Strafverfahren eingeleitet werden könne, die Sache von ihm bei der zuständigen Vergleichsbehörde (Schiedsbehörde, Friedensrichter) angemeldet werden müsse. Wohnen beide Theile in verschiedenen Gemeindebezirken, so fällt diese Voraussetzung weg (§. 420 St.P.O.).

Will Ankläger nach vergeblich versuchter Vergleichsverhandlung gerichtliche Klage erheben, so muß dies entweder zu Protokoll des Gerichtsschreibers oder durch Einreichung einer schriftlichen Anklageschrift (und zwar in drei Exemplaren) geschehen. Die Anklageschrift hat die dem Angeschuldigten zur Last gelegte That unter Hervorhebung ihrer gesetzlichen Merkmale und des anzuwendenden Strafgesetzes zu bezeichnen, sowie die Beweismittel und das Gericht, vor welchem die Hauptverhandlung stattfinden soll, anzugeben. (§. 198 St.P.O.)

§. 29. Weiteres Verfahren, insbesondere von der Vernehmung von Auskunftspersonen und von Verdächtigen.

Darüber, welches Verfahren im einzelnen Fall nach Erstattung einer Anzeige einzuschlagen ist, ob und welche Anordnungen zu treffen sind, lassen sich weitere Verhaltungsmaßregeln, als die, welche in den §§. 11 und 12 im Allgemeinen angedeutet sind, nicht geben: der einzelne Fall muß entscheiden.

Hier nur noch einige Grundsätze, welche die Strafprozeßordnung für die gerichtlichen Vernehmungen von Zeugen und Beschuldigten aufstellt, welche in gleicher Weise aber auch für die Polizeibehörden maßgebend und deßhalb für diese von praktischer Bedeutung sind.

§. 30. 1. Vernehmung von Zeugen (§§. 48—71 St.P.O.).

Zur Verweigerung des Zeugnisses sind berechtigt:

1. der Verlobte des Beschuldigten;
2. der Ehegatte des Beschuldigten, auch wenn die Ehe nicht mehr besteht;
3. diejenigen, welche mit dem Beschuldigten in gerader Linie verwandt, verschwägert oder durch Adoption

verbunden, oder in der Seitenlinie bis zum dritten Grad verschwägert sind, auch wenn die Ehe, durch welche die Schwägerschaft begründet ist, nicht mehr besteht.

Die bezeichneten Personen sind vor jeder Vernehmung über ihr Recht zur Verweigerung des Zeugnisses zu belehren. Sie können den Verzicht auf dieses Recht auch während der Vernehmung widerrufen (§. 51 St.P.O.).

Ferner sind zur Verweigerung berechtigt (§. 52 St.P.O.):

1. Geistliche in Ansehung desjenigen, was ihnen bei Ausübung der Seelsorge anvertraut ist;
2. Vertheidiger des Beschuldigten in Ansehung desjenigen, was ihnen bei Ausübung ihres Berufs anvertraut ist;
3. Rechtsanwälte und Aerzte in Ansehung desjenigen, was ihnen bei Ausübung ihres Berufs anvertraut ist.

Die unter 2 und 3 bezeichneten Personen dürfen das Zeugniß nicht verweigern, wenn sie von der Verpflichtung zur Verschwiegenheit entbunden sind.

Ferner (§. 54 St.P.O.) kann der Zeuge die Auskunft auf solche Fragen verweigern, deren Beantwortung ihm selbst oder einem der im §. 51 Nr. 1—3 St.P.O. bezeichneten Angehörigen die Gefahr strafgerichtlicher Verfolgung zuziehen würde.

2. Jeder Zeuge ist einzeln und in Abwesenheit der später abzuhörenden Zeugen zu vernehmen.

Eine Gegenüberstellung mit andern Zeugen oder mit dem Beschuldigten findet im Vorverfahren nur dann statt, wenn sie ohne Nachtheil für die Sache nicht bis zur Hauptverhandlung ausgesetzt bleiben kann. Von einer solchen darf also nur in ganz dringenden Fällen, wie z. B. bei tödtlichen Körperverletzungen, zum Zweck der Wiedererkennung Gebrauch gemacht werden.

3. Zur Beeidigung von Zeugen ist nur der Richter, niemals die Polizeibehörde befugt.

4. Die Vernehmung beginnt damit, daß der Zeuge über

Vornamen und Zunamen, Alter, Religionsbekenntniß, Stand oder Gewerbe und Wohnort befragt wird. Erforderlichenfalls sind dem Zeugen Fragen über solche Umstände, welche seine Glaubwürdigkeit in der vorliegenden Sache betreffen, insbesondere über seine Beziehungen zu dem Beschuldigten oder Verletzten, vorzulegen (§. 67 St.P.O.).

Sodann ist der Zeuge zu veranlassen, dasjenige, was ihm von dem Gegenstand seiner Vernehmung bekannt ist, im Zusammenhang anzugeben. Vor seiner Vernehmung ist dem Zeugen der Gegenstand der Untersuchung und die Person des Beschuldigten, sofern ein solcher vorhanden ist, zu bezeichnen.

Zur Aufklärung und zur Vervollständigung der Aussage, sowie zur Erforschung des Grundes, auf welchem die Wissenschaft des Zeugen beruht, sind nöthigenfalls weitere Fragen zu stellen (§. 68 St.P.O.).

§. 31. Jeder Zeuge hat Anspruch auf Gebühren; doch sind dieselben nur auf Verlangen zu gewähren. Sie betragen (§. 2 der Gebühren-Ordnung v. 30./6. 1878):

1. für jede angefangene Stunde 10 Pf. bis 1 Mk., je nach dem vom Zeugen versäumten Erwerb. Personen, welche durch Handarbeit oder dergl. ihren Erwerb suchen, erhalten die nach dem geringsten Satze zu bemessende Entschädigung auch dann, wenn die Versäumung eines Erwerbs nicht stattgefunden hat. Als versäumt gilt für den Zeugen auch die Zeit, während welcher er seine gewöhnliche Beschäftigung nicht wieder aufnehmen kann.
2. Mußte der Zeuge außerhalb seines Aufenthaltsortes einen Weg bis zur Entfernung von mehr als 2 Kilometer zurücklegen, so ist ihm außer der unter 1 gedachten Entschädigung eine Entschädigung für den Weg, und zwar 5 Pf. pro Kilometer, zu gewähren.

Solche Kosten sind jedoch thunlichst zu vermeiden. Uebrigens ist es auch statthaft, daß die Polizeibehörde, falls sie selbst Bedenken trägt, die Gebühren auszuzahlen, den Zeugen an das Gericht verweist. In diesem Falle aber sind Zeitversäumniß und Wegentfernung (1 und 2) von der Polizeibehörde dem Gericht genaustens mitzutheilen. Jedenfalls hat die Staatskasse der Kasse der Polizeibehörde derartige Verläge zu erstatten, da dieselben Theil der Untersuchungskosten sind.

Vernehmung des Verdächtigen. §. 32.

Macht sich aus einem Grunde die Vernehmung des der That Verdächtigen nöthig, so ist er, außer über seine persönlichen Verhältnisse — Name, Geburts- und Wohnort, Alter, Religion, Stand oder Gewerbe, Vorbestrafungen und genaue Angabe seines Militärverhältnisses (erforderlichenfalls ist er zur Vorlegung des Militärscheines zu veranlassen, den jeder Militärpflichtige in der Hand hat) — zu befragen, was er auf den gegen ihn vorliegenden Verdacht zu erwidern habe. Seine Auslassungen sind zu Protokoll zu nehmen, insbesondere auch, was er zu seiner Entlastung vorbringt.

Bei jugendlichen Personen ist das Alter genau, nöthigenfalls durch Beiziehung einer Geburtsurkunde, festzustellen.

Ein Zwang, sich über den Verdacht zu äußern, kann gegen den Beschuldigten nicht geübt werden.

In schweren Verbrechensfällen kann er — abgesehen vom Fall der vorläufigen Festnahme — unter Umständen (so zum Zweck, um dem Verletzten zur Wiedererkennung vorgestellt zu werden) vorgeführt werden.

Insbesondere vom Verhalten bei plötzlichen Todesfällen, und beim Auffinden todter Personen.[1] §. 33.

Sind Anhaltspunkte dafür vorhanden, daß Jemand eines nicht natürlichen Todes gestorben ist, oder wird der Leichnam

[1] Vgl. Weimar, V.O. v. 15./8. 79 über das Verfahren bei plötzlichen Todesfällen, bei Auffindung todter Personen und bei ausgebrochenen Bränden. Baden, V.O. v. 11./9. 79, das Verfahren bei gewaltsamen Todesfällen betr.

eines Unbekannten gefunden, so sind die Polizei- und Gemeindebehörden zur sofortigen Anzeige an die Staatsanwaltschaft oder an den Amtsrichter verpflichtet.

Die Beerdigung darf nur auf Grund einer schriftlichen Genehmigung der Staatsanwaltschaft oder des Amtsrichters erfolgen (§. 157 St.P.O.).

Hierzu ist folgendes zu bemerken:

Diese Bestimmung verpflichtet die Polizei- und Gemeindebehörden über gewisse Todesfälle der Staatsanwaltschaft oder dem Amtsrichter auch dann Anzeige zu erstatten, wenn der Verdacht einer strafbaren Handlung nach der Ansicht der betr. Behörde gar nicht vorliegt, sofern nur Anhaltepunkte dafür vorhanden sind, daß Jemand eines nicht natürlichen Todes gestorben sei. Eines „nicht natürlichen Todes" aber stirbt derjenige, welcher gegen den gewöhnlichen Lauf der Dinge — außer in den Fällen höherer Gewalt, wie Blitzschlag — durch oder in Folge einer menschlichen Thätigkeit ums Leben kommt, sei es durch eigene (Selbstmord, wenn gewollt, — Verunglückung, wenn nicht gewollt), sei es durch die eines Dritten (Mord, Todschlag, fahrlässige Tödtung). In allen diesen Fällen ist die Anzeige unter Angabe der begleitenden Umstände an den Staatsanwalt oder — wenn dieser leichter zu erreichen — an den Amtsrichter zu richten. Nur diese Behörden haben die Entscheidung darüber, ob weitere Schritte zu thun seien oder nicht.

Ist die Anzeige an den Amtsrichter gegangen, so muß auch dem Staatsanwalt Nachricht gegeben und zugleich bemerkt werden, daß bereits der Amtsrichter wegen Ertheilung des Beerdigungsscheines angegangen ist. Ebenso muß der Amtsrichter davon in Kenntniß gesetzt werden, ob dem Staatsanwalt gleichzeitig eine Anzeige über den Todesfall zugegangen ist.

Es sind folgende Fälle zu unterscheiden:

1. Ist Jemand unter den Augen bekannter und glaubwürdiger Personen plötzlich, jedoch ganz unzweifelhaft ohne Verschulden eines Anderen gestorben, so hat die Orts-

polizeibehörde dies, etwa durch Besichtigung der Leiche und Vernehmung der Auskunftspersonen, festzustellen; einer Niederschrift bedarf es nicht. Die Ortspolizeibehörde hat sich nur auf zuverlässige Weise über die Todesart zu vergewissern. Sie stellt alsdann den Beerdigungsschein aus.

2. Liegt ein Selbstmord vor oder ist Jemand verunglückt, so ist außer an die vorgesetzte Dienstbehörde an den Staatsanwalt oder Amtsrichter Anzeige zu erstatten. Ist die Leiche unbekannt, so ist eine genaue Beschreibung der Person und der Kleidung aufzunehmen und mit allen sonstigen darauf bezüglichen Ermittlungen der Anzeige beizufügen.

In einem solchen Falle ist es zweckmäßig, bei Uebersendung der Anzeige ein ärztliches Attest beizufügen, damit auf Grund desselben die Genehmiguug der Beerdigung um so unbedenklicher ertheilt werden kann.

Gelder und Sachen, welche bei der Leiche gefunden sind, sind von der Ortspolizeibehörde einstweilen in Verwahrung zu nehmen.

Eintretenden Falls haften sie für die Beerdigungskosten.

3. Ist Jemand unter Umständen gestorben, welche die Schuld eines Anderen nicht unbedingt ausschließen, so hat die Ortspolizeibehörde außer der sofort, nöthigenfalls durch Expreßboten oder Telegramm, zu erstattenden Anzeige an Staatsanwalt oder Amtsrichter die sofortige Zuziehung eines Arztes in Erwägung zu ziehen. Dies ebenso bei lebensgefährlichen Verletzungen.

Inzwischen hat die Ortspolizeibehörde den Sachverhalt möglichst zu erforschen, Verdunkelungen zu verhüten, insbesondere die Leiche gegen alle Veränderungen sicher zu stellen.

Hat eine Besichtigung durch den Arzt stattgefunden, so ist dessen Gutachten in gleicher Weise wie die Anzeige schleunigst an den Staatsanwalt oder den Amtsrichter abzugeben; dies letztere insbesondere dann, wenn eine Leichenöffnung besondere Beschleunigung erfordert.

Ist das Verfahren über die Leiche seitens des Staatsanwalts oder Amtsrichters abgeschlossen, so wird der zugezogene Beamte der Ortspolizeibehörde einen Beerdigungsschein ausstellen, welcher sich auf alle diejenigen Umstände erstrecken soll, welche nach §. 59 Ziff. 1 bis 5 des Reichsgesetzes über die Beurkundung des Personenstands in das Sterberegister einzutragen sind.

Die Ortspolizeibehörde hat diesen Beerdigungsschein entweder urschriftlich an den zuständigen Standesbeamten abzugeben oder diesem auf Grund desselben besondere schriftliche Mittheilung zu machen.

4. Ist eine Militärperson durch Selbstmord, Gewalt oder Unglücksfall ums Leben gekommen, so hat die Ortspolizeibehörde außer der vorstehend unter 3 besprochenen Anzeige beim Arzt und Amtsrichter nach §§. 12 und 13 der Beilage B. zu §. 92 der Militärstrafgerichtsordnung (B.G.Bl. 1867 S. 229 ff.) gleichzeitig bei dem Befehlshaber der nächsten Garnison Anzeige zu machen. —

§. 34. Ueber jeden Brand ist sofort Anzeige an den Staatsanwalt, bei Gefahr im Verzug an den Amtsrichter zu erstatten. Selbst dann, wenn über die unverschuldete Ursache des Brandes ein Zweifel nicht obwaltet, — wie z. B. beim Blitzschlag — ist im Interesse der Feuerlöschpolizei und der Versicherungsanstalten eine kurze Anzeige geboten.[1] Wo polizeiliche Vorerörterungen angezeigt erscheinen, ist insbesondere der Brandschaden und die Entstehungsursache — also ob der Verdacht fahrlässiger oder vorsätzlicher Brandstiftung begründet ist, und warum — zu erörtern.

§. 35. Die Zuständigkeit der Gerichte (§. 27 G.V.G.).

Je nachdem die Entscheidung einer Strafthat vor das Amtsgericht (Schöffengericht) oder das Landgericht gehört, sind die

---

[1] Für Preußen: So nach der Circ.-Verf. des Min. d. J. v. 31./7. 1850 (V.-M.-Bl. 1850. S. 252) und Verf. d. Justiz-Min. v. 26./8. 1850 (J.-M.-Bl. 1850. S. 301).

Verhandlungen von den Polizeibehörden dem Amtsanwalt oder dem Staatsanwalt zu übersenden.

Die Amtsgerichte (also auch Amtsanwälte) sind aber für folgende Sachen zuständig:

1. für alle Uebertretungen, insbesondere die in den §§. 360—370 St.G.B. bedrohten,

2. für das Vergehen

des einfachen Diebstahls (§. 242 St.G.B.), der Unterschlagung (§. 246 St.G.B.), des einfachen Betrugs (§. 263 St.G.B.), der einfachen Sachbeschädigung (§. 303 St.G.B.),	wenn der Werth, resp. Schaden 25 M. nicht übersteigt.

3. für Begünstigung und einfache Hehlerei (§§. 257 u. 258. 259 St.G.B.), wenn die Handlung, worauf sich dieselbe bezieht, zur Zuständigkeit des Amtsgerichts gehört (daher im Fall der Ziff. 2),

4. für die fahrlässige Beförderung der Entweichung eines Gefangenen (§. 121 St.G.B.),

5. für den einfachen Hausfriedensbruch (§. 123 Abs. 1),

6. für das einfache Jagdvergehen (§. 292 St.G.B.),

7. für das unbefugte Eröffnen von Briefen (§. 299 St.G.B.),

8. für das Vorschützen einer unwahren Entschuldigung als Zeuge (§. 138 St.G.B.),

9. für die Verausgabung falschen Geldes (§. 148 St.G.B.),

10. für die Verwendung gebrauchter Stempelmarken (§. 276 St.G.B.).

In diesen Sachen sind Anzeigen und Erörterungen an den zuständigen Amtsanwalt, in allen übrigen Sachen an den Staatsanwalt am Landgericht abzugeben.

Nur wenn die schleunige Vornahme richterlicher Untersuchungshandlungen nothwendig erscheint, so erfolgt die Anzeige auf kürzestem Wege unmittelbar an den zuständigen Amtsrichter.

III. Durchsuchung (§§. 102—111 St.P.O.).

§§. 36—41.

§. 36. Voraussetzungen der Durchsuchung.

1. Bei demjenigen, welcher als Thäter oder Theilnehmer einer strafbaren Handlung oder als Begünstiger oder Hehler verdächtig ist, kann eine Durchsuchung

a. der Wohnung und anderer Räume,

b. seiner Person,

c. der ihm gehörigen Sachen,

sowohl zum Zweck seiner Ergreifung, als auch dann vorgenommen werden, wenn zu vermuthen ist, daß die Durchsuchung zur Auffindung von Beweismitteln führen werde.

2. Bei anderen Personen — also bei Nicht-Verdächtigen — sind Durchsuchungen nur

a. behufs der Ergreifung des Beschuldigten,

b. behufs der Verfolgung von Spuren einer strafbaren Handlung,

c. behufs der Beschlagnahme bestimmter Gegenstände,

und in allen diesen Fällen nur dann zulässig, wenn Thatsachen vorliegen, aus denen zu schließen ist, daß die gesuchte Person, Spur oder Sache sich in den zu durchsuchenden Räumen befinde.

Ohne Rücksicht auf die Bewohner können folgende Räume durchsucht werden:

a. in welchen der Beschuldigte ergriffen worden ist, —

b. welche er während der Verfolgung betreten hat, —

c. in welchen eine unter Polizeiaufsicht stehende Person wohnt oder sich aufhält.

§. 37. Zur Nachtzeit — d. h. in der Zeit vom 1. April bis 30. September von 9 Uhr Abends bis 4 Uhr Morgens, in der Zeit vom 1. October bis 31. März von 9 Uhr Abends bis 6 Uhr Morgens — dürfen Durchsuchungen der Wohnungen, der Geschäftsräume und des befriedeten Besitzthums nicht vorgenommen werden.

Nur in folgenden Fällen ist die Durchsuchung zur Nachtzeit gestattet:

a. bei Verfolgung auf frischer That,

b. bei Gefahr im Verzug,[1]

c. wenn es sich um die Wiederergreifung eines entwichenen Gefangenen handelt.

Diese letzteren Beschränkungen finden keine Anwendung (so daß die Durchsuchung unbeschränkt zur Nachtzeit statthaft ist):

a. auf Wohnungen von Personen, welche unter Polizeiaufsicht stehen,

b. auf Räume, welche zur Nachtzeit Jedermann zugänglich sind,[2] oder

c. welche der Polizei als Herbergen oder Versammlungsorte bestrafter Personen, oder

d. als Niederlage von Sachen, welche mittelst strafbarer Handlungen erlangt sind, oder endlich

e. als Schlupfwinkel des Glücksspiels oder gewerbsmäßiger Unzucht bekannt sind.[3]

Die nach früherer Gesetzgebung vielfach zulässige allge- §.38.
meine Haussuchung in einem ganzen Orte, insbesondere bei Feld- und Forstvergehen, ist jetzt unzulässig. Nur insoweit nach den vorstehend unter 1 und 2 entwickelten Voraussetzungen die Durchsuchung in jedem einzelnen der zu durchsuchenden Häuser gerechtfertigt ist, kann dieselbe stattfinden. —

---

[1] Eine „Gefahr im Verzug" waltet ob, wenn zu besorgen ist, daß der durch die Angehung des Richters bedingte Zeitverlust die Ausführung der Maßregel verhindern könne.

[2] Darunter sind namentlich Gasthäuser, Restaurationslocale und dergl. zu verstehen, jedoch nur so lange als dieselben für Jedermann zugänglich sind (Löwe, St.P.O.).

[3] Ueber die Durchsuchung solcher Räume ist noch zu vergleichen unten §. 40 a. E. u. §. 41 Abs. 1.

§. 39. Durchsuchungen in militärischen Dienstgebäuden durch das Polizeipersonal sind nur dann statthaft, wenn die Durchsuchung von Räumen vorzunehmen ist, welche in militärischen Dienstgebäuden ausschließlich von Civilpersonen bewohnt werden.

§. 40. Die Anordnung von Durchsuchungen steht dem Richter zu. Die mit ihrer Ausführung beauftragten Beamten haben dieselben vorzunehmen, ohne ihre Zulässigkeit prüfen zu dürfen.

Bei Gefahr im Verzug haben auch der Staatsanwalt und diejenigen Polizei- und Sicherheitsbeamten, welche als Hülfsbeamten der Staatsanwaltschaft fungiren, das Recht eine solche anzuordnen, d. h. mit andern Worten, ohne Auftrag eines Gerichts dieselbe selbständig vorzunehmen oder vornehmen zu lassen. Mit der Ausführung einer angeordneten Durchsuchung und der bei dieser bezweckten Beschlagnahme können auch solche Polizeibeamte, welche nicht Hülfsbeamte der Staatsanwaltschaft sind, betraut werden, da die St.P.O. hinsichtlich der Ausführung von Durchsuchungen beschränkende Bestimmungen nicht aufstellt.[1]

Findet die Durchsuchung ohne Beisein des Richters oder Staatsanwalts statt, so sind, wenn dies möglich, ein Gemeindebeamter, oder zwei Mitglieder der Gemeinde, in deren Bezirk

[1] Für Preußen: Haussuchungen dürfen nach §. 11 des preuß. Ges. zum Schutz der persönl. Freiheit vom 12. Februar 1850 (Ges.-Sammlg. S. 45) nur unter Mitwirkung des Richters oder der gerichtlichen Polizei und, wo diese nicht eingeführt ist, der Polizeicommissarien oder der Communal- oder Ortspolizeibehörde geschehen. Im Bereich der Kreisordnung v. 13. December 1872 (§§. 59 u. 62) ist die Polizeiverwaltung für den Amtsbezirk derart in die Hände des Amtsvorstehers gelegt, daß nach §. 29 auch der Gemeindevorsteher als Organ des Amtsvorstehers für die Polizeiverwaltung in eiligen Fällen das Erforderliche vorläufig anzuordnen und ausführen zu lassen berechtigt ist. — Der Amtsdiener ist ein untergeordnetes Hülfsorgan des Amtsvorstehers: eine von ihm vorzunehmende Haussuchung würde die Mitwirkung des Amtsvorstehers oder Gemeindevorstehers voraussetzen, welche durch die Ertheilung des bloßen Auftrags nicht ersetzt wird. So nach einem Erk. des Reichsgerichts vom 5. December 1879 gegen Schipkowski.

die Durchsuchung erfolgt, zuzuziehen. Diese als Gemeindemitglieder zugezogenen Personen dürfen nicht Polizei- oder Sicherheitsbeamte sein.

Dieser Zuziehung bedarf es also dann:

a. wenn die Durchsuchung auf Anordnung des Richters oder Staatsanwalts, jedoch ohne deren Beisein, erfolgt, und

b. wenn die Durchsuchung von einem Hülfsbeamten der Staatsanwaltschaft angeordnet ist.

Ohne richterliche Anordnung, ohne daß Gefahr im Verzug obwaltet, und ohne Zuziehung der eben genannten Personen können die oben unter §. 37 a—e genannten Wohnungen und Räume durchsucht werden und zwar selbst von solchen Polizeibeamten, welche nicht zu den Hülfsbeamten der Staatsanwaltschaft gehören. —

Verfahren bei Durchsuchungen. §. 41.

1. Bei der Durchsuchung ist mit möglichster Schonung zu verfahren. Selbstverständlich aber steht den die Durchsuchung ausführenden Personen das Recht zu, verschlossene Räume und Behältnisse, wenn der Zweck es erfordert, zu öffnen oder öffnen zu lassen, nöthigenfalls unter Anwendung von Gewalt.

Der Inhaber der zu durchsuchenden Räume oder Gegenstände darf der Haussuchung beiwohnen. Ist er abwesend, so ist, wenn dies möglich, sein Vertreter oder ein erwachsener Angehöriger, Hausgenosse oder Nachbar zuzuziehen.

Vor Beginn der Haussuchung ist dem Inhaber oder der in dessen Abwesenheit zugezogenen Person — sofern jener nicht der Verdächtige ist — der Zweck der Durchsuchung bekannt zu machen.

Diese Bekanntmachung unterbleibt gegenüber den Personen, welche unter Polizeiaufsicht stehen, und gegenüber den Inhabern der oben unter §. 37 a—e aufgeführten Räume.

Nach Beendigung der Durchsuchung ist dem von ihr Betroffenen auf Verlangen eine schriftliche Mittheilung zu machen, welche den Grund der Durchsuchung (§. 36) bezeichnen muß. Auch ist demselben auf Verlangen ein Verzeichniß der in Verwahrung oder in Beschlag genommenen Gegenstände, falls aber nichts Verdächtiges gefunden wird, eine Bescheinigung hierüber zu geben.

2. Werden bei Gelegenheit einer Durchsuchung Gegenstände gefunden, welche zwar in keiner Beziehung zur Untersuchung stehen, aber auf die erfolgte Verübung einer anderen strafbaren Handlung hindeuten, so sind dieselben gleichfalls in Beschlag zu nehmen. Der Staatsanwaltschaft ist hiervon Kenntniß zu geben.

3. Die in Verwahrung genommenen Gegenstände sind genau zu verzeichnen und zur Verhütung von Verwechslungen durch amtliche Siegel oder in sonst geeigneter Weise kenntlich zu machen.

4. Eine Durchsicht der Papiere des von der Durchsuchung Betroffenen steht jedoch den Polizei- und Sicherheitsbeamten im Fall einer Durchsuchung nicht zu. Vielmehr haben sie Papiere, deren Durchsicht sie für geboten erachten, in einem Umschlag, welcher in Gegenwart des Inhabers der Räume mit dem Amtssiegel zu verschließen ist, an den zuständigen Richter abzuliefern.

Dem Inhaber der Räume oder dessen Vertreter ist es gestattet, sein Siegel mit beizudrücken.

Nur dann ist dem Polizeipersonal die Durchsicht der aufgefundenen Papiere gestattet, wenn der Inhaber derselben die Durchsicht genehmigt.

Ein Anderer als der Inhaber selbst ist zur Ertheilung dieser Genehmigung nicht berechtigt, insbesondere auch nicht diejenige Person, welche bei Abwesenheit des Inhabers der durchsuchten Räume als Vertreter desselben (oben Abs. 1) der Durchsuchung beiwohnt. —

IV. Beschlagnahme.

§§. 42—48.

Voraussetzungen der Beschlagnahme, — Recht zur Verweigerung der Herausgabe. §. 42.

1. „Gegenstände, welche als Beweismittel für die Untersuchung von Bedeutung sein können oder der Einziehung unterliegen, sind in Verwahrung zu nehmen oder in anderer Weise sicher zu stellen. — Befinden sich die Gegenstände in dem Gewahrsam einer Person und werden dieselben nicht freiwillig herausgegeben, so bedarf es der Beschlagnahme." (§. 94 St.P.O.)

Jedermann ist verpflichtet, einen solchen Gegenstand auf Erfordern dem Gericht oder den Sicherheitsbeamten vorzulegen und auszuliefern, zu dem Zweck, damit er in der Untersuchung als Beweismittel benutzt werde, und ohne daß dadurch begründete Rechte verloren gehen.

Ein Recht, die Herausgabe eines solchen Gegenstandes zu verweigern, hat an sich Niemand; es kann daher die Herausgabe durch Strafen, welche der zuständige Richter anzudrohen und auszusprechen hat, erzwungen werden. Nur ausnahmsweise braucht Jemand eine solche Sache nicht herauszugeben, nämlich dann, wenn er mit demjenigen, gegen welchen die Untersuchung als Angeschuldigten geführt wird, in dem Verhältniß steht, daß er das Recht hätte, das Zeugniß zu verweigern, mit anderen Worten, wenn er mit dem Angeschuldigten

1. verlobt,
2. verheirathet,
3. in gerader Linie verwandt oder verschwägert oder durch Adoption verbunden oder in der Seitenlinie bis zum dritten Grad verschwägert ist, auch wenn die Ehe, durch welche die Schwägerschaft begründet ist, nicht mehr besteht,

ferner

4. Vertheidiger, } rücksichtlich desjenigen, was ihnen in Aus-
5. Seelsorger, } übung ihres Berufs anvertraut worden ist.
6. Ärzte, }

Ebendieselben Personen brauchen insbesondere keine schriftlichen mit dem Beschuldigten gepflogenen Korrespondenzen auszuliefern (Briefe und dergleichen), wenn sie nicht selbst im Verdacht einer Theilnahme an dem Verbrechen, der Begünstigung oder Hehlerei in Bezug auf dasselbe stehen.

Wird der Gewahrsam des betreffenden Gegenstandes geleugnet, so kann gegen den Leugnenden kein Zwang zur Herausgabe angewendet, sondern es muß, wenn die gesetzlichen Voraussetzungen vorliegen, zur Durchsuchung geschritten werden.

2. Gegenstände, welche freiwillig herausgegeben werden, oder welche sich überhaupt gar nicht im Gewahrsam einer Person befinden, können von jedem Polizei- und Sicherheitsbeamten ohne Weiteres in Verwahrung genommen werden. So insbesondere sind die am Orte eines geschehenen Verbrechens vorgefundenen Gegenstände vom Polizeipersonal stets sofort und aufs sorgfältigste in Verwahrung zu nehmen.

In derartigen Fällen kann auch das scheinbar Geringfügigste von Bedeutung werden und grade das Polizeipersonal, welches in den meisten Fällen zuerst den Ort eines Verbrechens betritt, hat die sehr wichtige Function, Alles, was mit der That irgendwie in Verbindung stehen kann, für die spätere Untersuchung sicher zu stellen.

3. Bei gewisser Beschaffenheit des betreffenden Gegenstands, wie z. B. bei lebenden Thieren, kann die Beschlagnahme nicht sowohl in deren Wegnahme, sondern darin bestehen, daß dem Inhaber die Verfügung darüber untersagt wird. Es ist dies rechtlich statthaft und wirksam. Die Verletzung einer solchen Beschlagnahme würde nach der Bestimmung des §. 137 St.G.B. strafbar sein. Bei der Ausführung der Beschlagnahme in dieser Form ist auf diese Folge aufmerksam zu machen.

§. 43. Das Recht, die Beschlagnahme einer Sache zu verfügen, steht regelmäßig und in erster Linie dem zuständigen Richter zu. Bei Gefahr im Verzug haben jedoch auch die Staatsanwaltschaft und diejenigen Polizei- und Sicherheitsbeamten, welche ihr als Hülfsbeamte untergeordnet sind (oben §. 5), diese Befugniß.

Wer zur Anordnung einer Beschlagnahme berechtigt ist, kann die Vornahme derselben auch anderen Polizei- und Sicherheitsbeamten, als den zu Hülfsbeamten der Staatsanwaltschaft bestellten, auftragen.

Ist von einer Polizeibehörde ohne richterliche An- §. 44.
ordnung eine Beschlagnahme vorgenommen worden, so ist folgendes zu beachten:

a. Wenn bei Vornahme der Beschlagnahme weder der davon Betroffene selbst, noch ein erwachsener Angehöriger anwesend war,

oder

b. wenn der davon Betroffene oder ein anwesender erwachsener Angehöriger gegen die Beschlagnahme ausdrücklich Widerspruch erhebt,

so hat der betreffende Polizeibeamte, welcher die Beschlagnahme verfügt hat, sofort und spätestens innerhalb dreier Tage dem zuständigen Richter Anzeige von der Beschlagnahme und aus welchem Grund er sie vorgenommen, zu erstatten und die richterliche Bestätigung der von ihm vorgenommenen Handlung nachzusuchen.

Der geschäftsmäßige Weg zur Erlangung der richterlichen Bestätigung ist allerdings der, daß der betr. Polizeibeamte der Staatsanwaltschaft Anzeige erstattet und diese ihrerseits die weiteren Anträge beim zuständigen Richter stellt. Der Richter wird direct nur dann von der Polizeibehörde anzugehen sein, wenn er leichter erreichbar ist, als der Staatsanwalt und die Angehung des letzteren zu einer Versäumung der dreitägigen Frist führen würde.

Diese Anzeige ist in solchen Fällen zu richten:

1. wenn eine landgerichtliche Voruntersuchung wegen der Strafthat, worauf sich die Beschlagnahme bezieht, schon eingeleitet ist, so lange die Voruntersuchung im Gange ist, an den Untersuchungsrichter, welcher dieselbe führt,
2. ist die Voruntersuchung beendet, an die Strafkammer des Landgerichts,
3. in allen anderen Fällen an den Amtsrichter des Bezirks, wo die Beschlagnahme stattgefunden hat.

Die mit Beschlag belegten Gegenstände sind dem Richter zur Verfügung zu stellen. —

§. 45. In militärischen Dienstgebäuden erfolgen Beschlagnahmen seitens der Polizei nur dann, wenn zu dem Zwecke die Durchsuchung von Räumen vorzunehmen ist, welche ausschließlich von Civilpersonen bewohnt werden.

Außerhalb der militärischen Dienstgebäude ist die Beschlagnahme bei einer Militärperson ohne weitere Voraussetzungen, als die vorerwähnten allgemeinen der Beschlagnahme, statthaft.

§. 46. Briefe, Sendungen und Telegramme des Beschuldigten, welche noch in der Hand der Post sich befinden, können von den Polizeibehörden nicht mit Beschlag belegt werden, auch nicht bei Gefahr im Verzug.

Das Recht hierzu steht nur dem Richter und der Staatsanwaltschaft zu.

§. 47. Ueber die Beschlagnahme von Druckschriften enthält das Gesetz über die Presse vom 7. Mai 1874 §§. 23. 24. 27 besondere Bestimmungen.

Die Polizeibehörde ist zur Beschlagnahme von Druckschriften ohne richterliche Anordnung in folgenden Fällen befugt:

1. wenn eine Druckschrift den Vorschriften der §§. 6 und

7 des genannten Gesetzes nicht entspricht[1] oder den Vorschriften des §. 14 zuwider verbreitet wird[2],

2. wenn durch eine Druckschrift einem auf Grund des §. 15 des genannten Gesetzes erlassenen Verbot zuwider gehandelt wird[3],

3. wenn der Inhalt einer Druckschrift den Thatbestand einer der in §§. 85. 95. 111. 130 oder 184 St.G.B. mit Strafe bedrohten Handlungen begründet, in den Fällen der §§. 111 und 130 jedoch nur dann, wenn dringende Gefahr besteht, daß bei Verzögerung der Beschlagnahme die Aufforderung oder Anreizung ein Verbrechen oder Vergehen unmittelbar zur Folge haben werde.

In einem solchen Falle hat die Polizeibehörde die Verhandlungen über die Beschlagnahme an die Staatsanwaltschaft binnen längstens 12 Stunden zu übersenden.

---

[1] §. 6. Auf jeder . . . . Druckschrift muß der Name und Wohnort des Druckers und, wenn sie für den Buchhandel, oder sonst zur Verbreitung bestimmt ist, der Name und Wohnort des Verlegers oder — beim Selbstvertriebe der Druckschrift — des Verfassers oder Herausgebers genannt sein. — Ausgenommen sind . . . . Formulare, Preiszettel, Visitenkarten u. dergl., sowie Stimmzettel.

§. 7. Zeitungen und Zeitschriften, welche in monatlichen oder kürzeren, wenn auch unregelmäßigen Fristen erscheinen, müssen außerdem auf jeder Nummer, jedem Stück oder Heft den Namen und Wohnort des verantwortlichen Redacteurs enthalten. — Die Benennung mehrerer Personen als verantwortliche Redacteure ist nur dann zuläßig, wenn aus Form und Inhalt der Benennung mit Bestimmtheit zu ersehen ist, für welchen Theil der Druckschrift jede der benannten Personen die Redaction besorgt.

[2] §. 14. Ist gegen eine Nummer (Stück, Heft) einer im Auslande erscheinenden periodischen Druckschrift binnen Jahresfrist zweimal eine Verurtheilung auf Grund der §§. 41 u. 42 des St.G.B. erfolgt, so kann der Reichskanzler innerhalb zwei Monaten nach Eintritt der Rechtskraft des letzten Erkenntnisses das Verbot der ferneren Verbreitung dieser Druckschrift bis auf zwei Jahre durch öffentliche Bekanntmachung aussprechen.

[3] §. 15. In Zeiten der Kriegsgefahr oder des Kriegs können Veröffentlichungen über Truppenbewegungen oder Vertheidigungsmittel durch den Reichskanzler mittels öffentlicher Bekanntmachung verboten werden.

Die Beschlagnahme von Druckschriften trifft die Exemplare nur da, wo dergleichen zum Zweck der Verbreitung sich befinden. Sie kann sich auf die zur Vervielfältigung dienenden Platten und Formen erstrecken; bei Druckschriften im engeren Sinne hat auf Antrag des Betheiligten statt Beschlagnahme des Satzes das Ablegen des letzteren zu geschehen.

Bei der Beschlagnahme sind die dieselben veranlassenden Stellen der Schrift unter Anführung der verletzten Gesetze zu bezeichnen. Trennbare Theile der Druckschrift (Beilagen einer Zeitung u. s. w.), welche nichts Strafbares enthalten, sind von der Beschlagnahme auszuschließen. (§. 27 des Ges. v. 7./5. 74.)

§. 48. Weitere Vorschriften über die Beschlagnahme von Druckschriften enthält das Reichsgesetz vom 21. October 1878 gegen die gemeingefährlichen Bestrebungen der Sozial-Demokratie §§. 11—15.

1. Auf Grund des Verbots sind die von demselben betroffenen Druckschriften da, wo sie sich zum Zweck der Verbreitung vorfinden, in Beschlag zu nehmen. Die Beschlagnahme kann sich auf die zur Vervielfältigung dienenden Platten und Formen erstrecken; bei Druckschriften im engeren Sinn hat auf Antrag des Betheiligten statt Beschlagnahme des Satzes das Ablegen des letzteren zu geschehen. Die in Beschlag genommenen Druckschriften, Platten und Formen sind, nachdem das Verbot endgültig geworden ist, unbrauchbar zu machen (§. 14).

2. Die Polizeibehörde ist befugt, Druckschriften der im §. 11 bezeichneten Art, sowie die zu ihrer Vervielfältigung dienenden Platten und Formen schon vor Erlaß eines Verbots vorläufig in Beschlag zu nehmen. Die in Beschlag genommene Druckschrift ist innerhalb 24 Stunden der Landespolizeibehörde einzureichen. Letztere hat entweder die Wiederaufhebung der Beschlagnahme sofort anzuordnen oder innerhalb einer Woche das Verbot zu erlassen. Erfolgt das Verbot nicht innerhalb dieser Frist, so erlischt die Beschlagnahme und müssen die einzelnen Stücke, Formen und Platten freigegeben werden (§. 15).

V. Vorläufige Festnahme. (§. 127 St.P.O.)[1]

§§. 49–58.

Begriff und Voraussetzung der vorläufigen Festnahme. §. 49.

Wird eine Freiheitsentziehung durch richterliche Anordnung verfügt, so wird dieselbe „Verhaftung“ genannt[2], in anderen Fällen — insbesondere also, wenn die Polizeibehörde sie verhängt — „vorläufige Festnahme“.

Nur von der letzteren wird hier die Rede sein.

Wenn Jemand auf frischer That betroffen oder verfolgt §. 50. wird, so ist, wenn er der Flucht verdächtig ist oder seine Persönlichkeit nicht sofort festgestellt werden kann, Jedermann befugt, ihn auch ohne richterlichen Befehl vorläufig festzunehmen.

Die Polizei- und Sicherheitsbeamten sind auch dann §. 51. zur vorläufigen Festnahme befugt, wenn die Voraussetzungen eines richterlichen Haftbefehls vorliegen und Gefahr im Verzug obwaltet. Voraussetzung jedes richterlichen Haftbefehls ist zunächst das Vorhandensein dringender Verdachtsgründe. Die weiteren Voraussetzungen sind verschieden, je nachdem die

[1] Von der Verhaftung und vorläufigen Festnahme verschieden ist die Zwangsgestellung, die mit jenen nichts gemein hat (vgl. §. 341 St.G.B. u. §§. 215. 229 u. 235 St.P.O.). Während die vorläufige Festnahme nur zulässig ist, wo die Gewißheit oder doch der Verdacht einer vom Festgenommenen begangenen strafbaren Handlung vorliegt, ist das Recht, Jemanden zwangsweise zu gestellen, ein Ausfluß der den Behörden beigelegten Executivgewalt (§. 50 St.P.O.). Vgl. Erk. d. R.Ger. v. 23./3. u. 24./9. 1880. Eine Durchsuchung der Wohnung zum Zweck der Zwangsgestellung darf jedoch nur dann stattfinden, wenn die gesetzlichen Voraussetzungen der Durchsuchung (§. 36 oben) vorliegen.

[2] Dies auch dann, wenn sie auf besonderes Ersuchen des zuständigen Gerichtes oder auf Grund eines Steckbriefs durch die Polizeibehörde ausgeführt wird. In solchem Falle ist der Verhaftete sofort nach dem Sitz des Gerichts, welches die Verhaftung beantragt hat, zu transportiren. Die Transportkosten werden der Polizeibehörde erstattet. (Vergl. unten §§. 59–62.)

That nur mit einer in Haft oder Geldstrafe bestehenden Strafe oder mit einer andern (Gefängniß, Festung, Zuchthaus, Tod) bedroht ist.

Im letzteren Falle darf der Angeschuldigte dann in Haft genommen werden, wenn er

1. entweder der Flucht verdächtig ist, oder wenn
2. Thatsachen vorliegen, aus denen zu schließen ist, daß er
   a) Spuren der That vernichten, oder
   b) daß er Zeugen oder Mitschuldige zu einer falschen Aussage oder Zeugen dazu verleiten werde, sich der Zeugnißpflicht zu entziehen.

Der Verdacht der Flucht bedarf keiner weiteren Begründung:

1. wenn der Angeschuldigte ein Heimathloser oder Landstreicher ist, oder wenn er nicht im Stande ist, sich über seine Person auszuweisen,
2. wenn er ein Ausländer ist und gegründete Zweifel bestehen, daß er sich auf Ladung vor Gericht stellen und dem Urtheil Folge leisten werde.

Im ersteren Falle (wenn die That nur mit Geldstrafe oder Haft bedroht ist) darf die Haft nur bei Fluchtverdacht und auch alsdann nur verhängt werden:

1. wenn der Angeschuldigte zu den soeben unter 1 und 2 genannten Personen gehört, oder
2. wenn es sich um eine Uebertretung handelt, wegen deren in Gemäßheit der §§. 361 Ziff. 3—8 und 362 St.G.B. die Ueberweisung an die Landespolizeibehörde erfolgen kann. —

§. 52. Bei strafbaren Handlungen, deren Verfolgung nur auf Antrag eintritt (vgl. oben §. 22), ist die vorläufige Festnahme von der Stellung eines solchen Antrags nicht abhängig. Doch ist der zur Stellung des Antrags Berechtigte sofort von der vorläufigen Festnahme des Verdächtigen in Kenntniß zu setzen. —

§. 53. Wenn behufs einer Verhaftung eine nächtliche Haussuchung erforderlich ist, so ist die Statthaftigkeit der Haussuchung und Verhaftung an die oben in §. 37 angeführten Voraussetzungen geknüpft.

Die Sicherheitsbeamten der einzelnen Staaten des Deutschen Reichs sind ermächtigt, die Verfolgung eines Flüchtigen auf das Gebiet eines andern Staates des Deutschen Reichs fortzusetzen und den Flüchtigen daselbst zu ergreifen. §. 54.

Der Ergriffene ist unverzüglich an das nächste Gericht oder die nächste Polizeibehörde des Staats, in welchem er ergriffen wurde, abzuführen (§. 168 G.V.G.).

Dieses Recht der sog. Nacheile steht den Sicherheitsbeamten ebenso gegen Flüchtige, die eines Verbrechens verdächtig sind, wie gegen solche zu, welche wegen eines Verbrechens bereits abgeurtheilt sind.[1] —

Der Festgenommene ist unverzüglich, sofern er nicht wieder in Freiheit gesetzt wird, dem Amtsrichter des Bezirks, in welchem die Festnahme erfolgt ist, vorzuführen.[2] §. 55.

Wenn ein vorläufig Festgenommener aus der polizeilichen Haft entsprungen ist, so sind die Polizeibehörden auch zur Erlassung eines Steckbriefs befugt. §. 56.

Der Steckbrief soll, soweit dies möglich ist, eine Beschreibung des zu Verhaftenden enthalten und die demselben zur Last gelegte strafbare Handlung, sowie das Gefängniß bezeichnen, in welches die Ablieferung zu erfolgen hat.

Doch ist zu bemerken, daß mit Ausübung dieser Befugniß zum Erlaß eines Steckbriefs mit besonderer Vorsicht zu verfahren ist.

---

[1] Erwähnung mag hier ein Erk. des R.Ger. vom 21./10. 79 gegen Rohr finden, nach welchem bei der Verfolgung eines Flüchtigen weder der Gebrauch der Waffe, noch die Drohung von der Waffe Gebrauch zu machen (z. B. durch den Zuruf: Steh oder ich schieße!) statthaft ist. Letzteres würde den Thatbestand der strafbaren Nöthigung erfüllen.

[2] D. h. aber nicht etwa zu jeder Tageszeit, also etwa auch in der Nacht, sondern zu der hierzu passenden Tageszeit, auch nicht dem Amtsrichter persönlich, sondern der betr. Gefängnißverwaltung.

In unbedeutenderen Strafsachen ist überhaupt von dieser Maßregel ganz Abstand zu nehmen; in bedeutenden aber ist zu erwägen, ob nicht durch sofortige Abgabe der Anzeige an den Staatsanwalt oder Amtsrichter derselbe Zweck ohne Zeitversäumniß zu erreichen ist. —

§. 57. Ist Jemand auf Grund eines richterlichen Haftbefehls oder eines Steckbriefs ergriffen worden und kann er nicht spätestens am Tag nach der Ergreifung vor den zuständigen Richter gestellt werden, so ist er auf sein Verlangen sofort dem nächsten Amtsrichter vorzuführen. —

§. 58. Besondere Fälle der polizeilichen Festnahme.

1. Prohibitiver, daher rein polizeilicher Natur ist die den Polizeibehörden in dieser Richtung durch den §. 25 St.G.B. gegebene Befugniß. Die einstweilige Festnahme eines aus der Strafanstalt vorläufig Entlassenen (welcher also seine Strafe noch nicht vollständig verbüßt hat, wegen guter Führung aber aus der Strafanstalt vorläufig entlassen ist) kann aus dringenden Gründen des öffentlichen Wohls von der Polizeibehörde des Orts, wo er sich aufhält, verfügt werden.

Es ist sofortiger directer Bericht an die oberste Justiz-Aufsichtsbehörde[1] (Justizministerium) zu erstatten, der Festgenommene selbst aber dem zuständigen Amtsrichter des Bezirks vorzuführen.

Es handelt sich in diesem Fall zwar nicht um die Verfolgung einer strafbaren Handlung, wohl aber neben Rücksichten des öffentlichen Wohls zugleich um Sicherung des Vollzugs einer gerichtlich erkannten Strafe; er mag daher hier wenigstens erwähnt werden. —

2. Die rein polizeiliche Befugniß, Personen in Verwahrung zu nehmen, wenn ihr eigener Schutz oder die Aufrechterhaltung der öffentlichen Sicherheit und Ruhe oder die Abwendung von

---

[1] Für Preußen: An die Oberstaatsanwaltschaft. Allgem. Verf. vom 21./1. 1871 §. 15, und vom 14./8. 1879 Nr. IV (J.-M.-Bl. S. 237).

Gefahren für andere Personen diese Maßregel erforderlich macht, wird durch oben mitgetheilte Bestimmungen der St.P.O. nicht berührt. —

VI. Ueber den Transport Verhafteter.

§§. 59—62.

In Bezug auf den Transport vorläufig festgenommener oder verhafteter Personen sind mehrfach in den einzelnen Staaten des Deutschen Reichs besondere Bestimmungen getroffen. So für Preußen durch Gen.-Instr. d. Kgl. Polizei-Ministers v. 16./9. 1816 (v. Kamptz Jahrb. 1816 Bd. 8 S. 110 ff., Ann. Bd. II S. 510). Die wesentlichen Vorschriften dieser Instruktion dürften Anspruch auf allgemeine Anwendbarkeit auch in denjenigen Staaten haben, welche besondere Bestimmungen darüber nicht getroffen haben. §. 59.

Diese Instruktion bestimmt unter andern:

Dem Transportführer ist von der absendenden Behörde ein Transportzettel mitzugeben, welcher eine vollständige Personalbeschreibung, die Bekleidung des Transportanden, Ursache des Transports, Transportstraße, Bestimmungsort, Art des Transports, Anzahl und Name der Transporteure enthalten soll.

Der Transportat ist vorher genau zu visitiren und ihm alles wegzunehmen, was ihm zur Flucht behülflich sein könnte. Die Zahl der Transporteure richtet sich nach der Zahl der zu transportirenden Verbrecher, mit der Rücksicht auf absolute Sicherheit des Transports. Aus demselben Grunde sind nur kräftige und gewandte Männer hierzu zu wählen. Gefährliche Verbrecher sind zu fesseln oder zu binden.

Zu Wagen kann der Transport ausgeführt werden bei besonderer Gefährlichkeit des alsdann auf demselben anzuschließenden Verbrechers, bei Schwäche, Krankheit desselben, bei besonders schlechter Witterung, wenn der Fußtransport wegen hartnäckiger Widersetzung des Transportaten nicht fortgesetzt werden kann. Kann der Transport nicht an einem Tage zu Ende geführt werden und ist Nachtquartier unvermeidlich, so ist der Transportat daselbst an die Ortspolizeibehörde zur sicheren Unterbringung und Bewachung abzuliefern. Der Transportat ist an die im Transportzettel genannte Behörde abzuliefern. Entspringt derselbe vorher, so sind sofort die nächsten Polizeibehörden und Gendarmen in Kenntniß zu setzen (wenn thunlich auf telegraphischem Weg).

Das vorsätzliche oder fahrlässige Entweichenlassen eines Gefangenen ist nach §. 121 St.G.B. strafbar.

§. 60. Ueber den Transport auf Eisenbahnen sind vielfach besondere Bestimmungen getroffen, so für Preußen v. 6./10. 1863, für Schlesien v. 29./9. 1851 (B.-M.-Bl. 1852 S. 12; 1863 S. 242), für den Verband Thüringischer Eisenbahnen durch dessen Dienstanweisung 2 zum Tarif-Band III.

§. 61. Nach der preuß. Verfügung v. 14./10. 1856 (B.-M.-Bl. 1856 S. 232) sollen Transporte an Sonn- und Festtagen nicht unternommen, eingeleitete aber an solchen Tagen durch einen oder mehrere Ruhetage am Stationsort unterbrochen werden. Abweichungen hiervon rechtfertigen sich durch die Dringlichkeit der Untersuchung oder die Nothwendigkeit besonderer Beschleunigung, auch durch die Unsicherheit des Gewahrsams am Stationsort.

§. 62. Die durch eine Ablieferung entstehenden baaren Auslagen (wozu auch die gesetzlichen Diäten und dergl. gehören) werden von der ersuchenden Behörde erstattet (§. 165 G.V.G.).

II. Theil.

Polizeiliche Strafverfügungen.
(Thätigkeit der Polizeibehörden als Polizeirichter.)

I. Einleitende Bemerkungen.
§§. 63 u. 64.

Die neuere Gesetzgebung geht zwar von dem Grundsatze §. 63.
aus, daß die in Strafgesetzen angedrohten Strafen regelmäßig nur vom Richter ausgesprochen werden können; doch erkennt die St.P.O. das Bedürfniß an, daß in Fällen geringfügiger Gesetzesverletzung, insbesondere bei Uebertretungen polizeilicher Strafvorschriften, eine Ausnahme von diesem Grundsatz zugelassen und den Polizeibehörden selbst der Ausspruch der Strafe übertragen werden könne. Die St.P.O. begnügt sich jedoch damit, für dieses polizeirichterliche Straffestsetzungsverfahren einige allgemeine Grundsätze als Normativbestimmungen aufzustellen, indem sie wegen der Verschiedenheit der Organisation der Polizeibehörden in den deutschen Bundesstaaten es der Landesgesetzgebung überlassen hat, von dieser Befugniß Gebrauch zu machen und die weiteren Ausführungsbestimmungen nach Bedürfniß zu treffen. (§. 453 St.P.O.)

Während in vielen Staaten auch vor der St.P.O. die Polizeibehörden in gleicher oder ähnlicher Weise mit der vorläufigen Straffestsetzung betraut waren,[1] haben andere Staaten hiervon bis jetzt keinen Gebrauch gemacht.[2]

Wo aber die Landesgesetzgebung den Polizeibehörden eine derartige Befugniß im Anschluß an die Bestimmungen der §§. 453 bis 458 St.P.O. übertragen hat, ist dies in einer nach den lokalen Bedürfnissen und der Behörden-Organisation unter einander vielfach abweichenden Weise geschehen.

Im Nachfolgenden geben die §§. 65 u. 66 zunächst die einschlägige Gesetzgebung, die §§. 67—126 enthalten sodann die vollständige Darstellung aller zur Ausübung des polizeirichterlichen Amtes erforderlichen Grundsätze. Die unter einander abweichenden landesgesetzlichen Einzelbestimmungen sind in Anmerkungen gegeben. Obwohl so das für die sämmtlichen deutschen Polizeibehörden vorhandene gesetzgeberische Material verarbeitet worden ist, wird sich das für die einzelne Behörde Praktische doch leicht herausfinden lassen.

Aus praktischen Rücksichten sind auch die einschlägigen Bestimmungen des allgemeinen Theils des St.G.B.'s mit aufgenommen und am Schluß der Abschnitt 29 des St.G.B.'s (Anlage A.), sowie die in sonstigen Reichsgesetzen enthaltenen, für die polizeiliche Straffestsetzung in Betracht kommenden Strafbestimmungen (Anlage B.) angefügt worden.

Von einer Zusammenstellung der übrigen in Landesgesetzen, Verordnungen, statutarischen Bestimmungen enthaltenen, der polizeilichen Straffestsetzung unterliegenden Uebertretungen mußte der Natur der Sache nach abgesehen werden. Eine Sammlung der lokalen Strafbestimmungen auch nur eines Staates dürfte dem Einzelnen unmöglich sein. Nur unter Leitung der obersten Staatsbehörden und unter Mitwirkung sämmtlicher

[1] So insbesondere Preußen, Ges. v. 14./5. 1852.

[2] Bayern, Hessen, Waldeck; in sehr beschränkter Weise Braunschweig, Elsaß-Lothringen.

Ortsobrigkeiten würde das betreffende Material beschafft werden können.

Zu bemerken ist zu dem Verhältniß zwischen den Bestimmungen des St.G.B. über die Uebertretungen (Anlage A.) und denjenigen Bestimmungen der Reichs- und Landesgesetze, welche sich auf denselben Gegenstand beziehen, folgendes: §. 64.

Die letzteren bilden zu den Bestimmungen des St.G.B.'s eine Ergänzung, und zwar so, daß der Thatbestand der Uebertretung durch die Bestimmungen der Reichs- resp. Landesgesetze gegeben wird, dagegen Art und Maß der Strafe sich nach dem St.G.B. richten. Ein Beispiel wird dies erläutern:

§. 366 Ziff. 1 St.G.B. bestimmt:

„Mit Geldstrafe bis zu 60 M. oder mit Haft bis zu 14 Tagen wird bestraft: wer den gegen die Störung der Feier der Sonn- und Festtage erlassenen Anordnungen zuwiderhandelt."

Diese Bestimmung des St.G.B.'s bedarf eines ergänzenden Gesetzes (Reichs- oder Landesgesetzes) über die Zuwiderhandlungen gegen die Feier der Sonn- und Festtage, um praktisch angewendet werden zu können.

Wo und so lange ein solches Gesetz nicht existirt, kann auf Grund dieser Bestimmung des St.G.B.'s eine Strafe nicht verfügt werden. Wo jedoch eine solche landesgesetzliche Bestimmung vorhanden ist, da ist der genannte §. 366 Ziff. 1. des St.G.B.'s anwendbar und zwar so, daß der Thatbestand der Uebertretung aus diesem Landesgesetz zu entnehmen ist, Art und Maß der Strafe aber sich nach dem St.G.B. richten. Die über Art und Maß der Strafe in solchen Landesgesetzen enthaltenen Bestimmungen sind aufgehoben.

II. Die Reichs- und Landesgesetzgebung.

§§. 65 u. 66.

§. 65. Die St.P.O. bestimmt im VI. Buch II. Abschnitt unter §§. 452—456 folgendes:

§. 453.

Wo nach den Bestimmungen der Landesgesetze die Polizeibehörden befugt sind, eine in den Strafgesetzen angedrohte Strafe durch Verfügung festzusetzen, erstreckt sich diese Befugniß nur auf Uebertretungen.

Auch kann die Polizeibehörde keine andere Strafe als Haft bis zu 14 Tagen oder Geldstrafe und diejenige Haft, welche für den Fall, daß die Geldstrafe nicht beigetrieben werden kann, an die Stelle der letzteren tritt, sowie eine etwa verwirkte Einziehung verhängen. Die Strafverfügung muß außer der Festsetzung der Strafe, die strafbare Handlung, das angewendete Strafgesetz und die Beweismittel bezeichnen, auch die Eröffnung enthalten, daß der Beschuldigte, sofern er nicht eine nach den Gesetzen zugelassene Beschwerde an die höhere Polizeibehörde ergreife, gegen die Strafverfügung binnen einer Woche nach der Bekanntmachung bei der Polizeibehörde, welche diese Verfügung erlassen hat, oder bei dem zuständigen Amtsgericht auf gerichtliche Entscheidung antragen könne.

Die Strafverfügung wirkt in betreff der Verjährung wie eine richterliche Handlung.

§. 454.

Der Antrag auf gerichtliche Entscheidung kann bei der Polizeibehörde schriftlich oder mündlich, bei dem Amtsgericht schriftlich oder zu Protokoll des Gerichtsschreibers angebracht werden.

Die Polizeibehörde übersendet, falls sie nicht die Strafverfügung zurücknimmt, die Acten an die zuständige Staatsanwaltschaft, welche sie dem Amtsrichter vorlegt.

§. 455.

Gegen die Versäumung der Antragsfrist ist unter den in den §§. 44. 45 bezeichneten Voraussetzungen Wiedereinsetzung in den vorigen Stand zuläßig. Das Gesuch ist bei einer der im §. 454 Abs. 1 genannten Behörden anzubringen.

Ueber das Gesuch entscheidet der Amtsrichter.

Die Bestimmungen des §. 46 Abs. 2. 3 finden hier gleichfalls Anwendung.

§. 456.

Ist der Antrag rechtzeitig angebracht, so wird zur Hauptverhandlung vor dem Schöffengerichte geschritten, ohne daß es der Einreichung einer Anklageschrift oder einer Entscheidung über die Eröffnung des Hauptverfahrens bedarf.

Bis zum Beginne der Hauptverhandlung kann der Antrag zurückgenommen werden.

Mit diesen Paragraphen giebt die St.P.O. nur einige Normativbestimmungen, welche überall für das Verfahren den festen Rahmen bilden. Nach der ausdrücklichen Bestimmung des §. 6 Ziff. 3 des Einführungsges. z. St.P.O. haben damit die früheren hierüber erlassenen Landesgesetze nicht beseitigt, sondern nur in einzelnen Bestimmungen abgeändert werden sollen, nämlich insoweit sie mit den eben citirten Bestimmungen der St.P.O. nicht in Einklang stehen.[1] —

In Gültigkeit befinden sich daher noch, bezüglich sind §. 66.
zur Ausführung der oben citirten Bestimmungen der St.P.O. folgende Gesetze in den einzelnen deutschen Bundes-Staaten erlassen:

1. In Preußen:
   a. Gesetz v. 14. Mai 1852 §§. 1—5. 7—11.
   b. Reglement dazu v. 30./9. 1852.
   c. Bekanntmachung vom 15./9. 1879 betr. das Ver-

[1] Dies gilt insbesondere vom preußischen Gesetze vom 14./5. 1852 mit dem dazu gegebenen Reglement vom 30./9. 1852. Altenburg, Amtsvorstehergesetz v. 13./5. 76. Anhalt, Ges. v. 28./3. 77. Lippe-Schaumburg, Ges. v. 23./2. 75. Lippe-Detmold, Städteordn. v. 16./5. 43 Tit. VII §. 117, woselbst der zweite Absatz lautet:

Sonstige im Stadtbezirk vorfallende Polizeivergehen werden von dem Magistrat mit der gesetzlichen oder reglementmäßigen Strafe belegt. Es steht jedoch innerhalb 10 Tagen die Berufung auf den Weg Rechtens frei und sind solchenfalls die betreffenden Verhandlungen an das Stadtgericht zur rechtlichen Entscheidung abzugeben.

fahren bei der vorläufigen Straffestsetzung wegen Uebertretungen. —

2. Im Königreich Sachsen:
   a. Gesetz vom 8. März 1879, das Verfahren in Verwaltungsstrafsachen betr., mit
   b. Ausführungsverordnung vom 15./9. 1879. (Ges.u.V.O.Bl. 1879 S. 87. ff. bez. 351 ff. — Roßberg'sche Handausgabe S. 39 ff. bez. S. 159 ff.)
   c. Gesetz, die Zwangsvollstreckung wegen Geldleistung in Verwaltungssachen betr., vom 7./3.1879. (Ges.u.V.O.Bl. S. 84) mit
   d. Ausführungs-Verordnung zu §. 12 dieses Gesetzes vom 2./5. 1879 (Ges.u.V.O.Bl. S. 195.)
   e. Verordnung, die Behandlung von Requisitionen außersächsischer Behörden betr., v. 1./9. 1879. (Ges.u.V.O.Bl. S. 331.)

   Das Gesetz vom 8. März 1879 schließt sich an: an
   f. die revidirte Städte-Ordnung vom 24. April 1873 §. 101;
   g. die Städte-Ordnung für mittlere und kleinere Städte, vom nämlichen Tage, §§. 12 ff. 14;
   h. die revidirte Landgemeindeordnung vom nämlichen Tage §§. 74, 76;
   i. Gesetz, die Organisation der Behörden für die innere Verwaltung betr., vom 21./4. 1873 §. 6.
3. In Württemberg:
   a. Gesetz, betr. Aenderung des Landespolizeistrafrechts, vom 27. Decbr. 1871 und
   b. Gesetz, betr. das Verfahren bei Erlassung polizeilicher Strafverfügungen, vom 12. August 1879. —
4. In Baden:
   a. Einführungsgesetz zu den Reichs-Justiz-Gesetzen vom 3./3. 1879 §§. 124—143.
   b. Verordnung v. 11./9. 1879, betr. das Polizei- und

Finanz-Strafverfahren bei den Bezirksämtern und Bürgermeistern.

c. Verordnung v. 29./9. 1879, betr. das Polizeistrafverfahren bei Uebertretungen auf Eisenbahnen. —

5. In Mecklenburg-Schwerin und
6. in Mecklenburg-Strelitz:

Verordnung zur Ausführung der St.P.O. vom 28./5. 1879 Tit. II. §. 8—36.

7. In Oldenburg:

Gesetz, betr. die Befugniß der Polizeibehörden zur Erlassung von Strafverfügungen bei Uebertretungen, vom 25./3. 1879.

8. In Sachsen-Weimar:

a. Gesetz vom 12./4. 1879, betr. die polizeiliche Straffestsetzung, mit
b. Ministerialbekanntmachung dazu vom 5./7. 1879.

9. In Sachsen-Meiningen:

Ausführungsgesetz zur deutschen St.P.O. vom 17./6. 1879 §§. 1—7.

10. In Sachsen-Coburg-Gotha:

Gesetz vom 7./4. 1879, betr. die Straffestsetzung durch Verfügung der Polizeibehörden.

11. In Sachsen-Altenburg:

a. Gesetz, die polizeilichen Strafverfügungen betr., vom 8./5. 1879.
b. Amtsvorstehergesetz vom 13./6. 1876.
c. Gesetz vom 31./3. 1879, betr. die Zwangsvollstreckung wegen Geldleistungen in Verwaltungssachen.

12. In Anhalt:

a. Gesetz vom 28./3. 1879 (Nr. 453.)
b. Gesetz vom 27./4. 1878 betr. die Bildung von Amtsbezirken und die Abänderung einiger Bestimmungen der Gemeinde- Stadt- und Dorfordnungen (Nr. 489).

13. In Braunschweig:

Gesetz vom 1./4. 1879, die Ausführung der deutschen Prozeßordnungen betr., §§. 12—14.

14. In Schwarzburg-Sondershausen:
Gesetz vom 17./5. 1879, betr. das den Verwaltungsbehörden zustehende Straffestsetzungsrecht.

15. In Schwarzburg-Rudolstadt:
Gesetz vom 28./3. 1879, die polizeiliche Straffestsetzung und Strafanforderung betr.

16. In Reuß-Greiz:
Verordnung vom 20./9. 1879, betr. das Straffestsetzungsrecht des Fürstl. Landrathsamts durch Strafverfügungen.

17. In Reuß-Schleiz:
Gesetz vom 22./2. 1879, betr. das polizeiliche Straffestsetzungs- und Anforderungsrecht.

18. In Lippe-Detmold:
Städte-Ordnung vom 16./5. 1843 Tit. VII. §. 117.

19. In Lippe-Schaumburg:
Gesetz vom 23./2. 1875, das polizeiliche Strafmandatsverfahren betr.

20. In Hamburg:
Gesetz vom 23./4. 1879 (Nr. 15) betr. das Verhältniß der Verwaltung zur Rechtspflege.

21. In Lübeck:
Gesetz vom 16./6. 1879 (Nr. 135) betr. die Strafbefugnisse der Polizei- und Verwaltungsbehörden des Staats und der Stadtgemeinde Lübeck.

22. In Bremen:
Gesetz, betreffend die Ausführung der deutschen Proceßgesetze vom 25./6. 1879.

Bayern, Hessen und Waldeck haben die polizeiliche Strafbefugniß nicht eingeführt. Für diese drei Staaten ist daher der von derselben handelnde II. Theil dieses Buches unpraktisch.

Für Elsaß-Lothringen existirt aus früherer Zeit lediglich

eine dahin bezügliche V.O. des damaligen General-Gouverneurs in Elsaß, Graf von Bismarck-Bohlen, vom 18. April 1871 (Straßburger Ztg. Nr. 93 vom 20. April 1871 Nr. 423).

Diese Verordnung über das Schulwesen, wie sie genannt ist, aus 15 Paragraphen bestehend, gestattet in §. 14 dem Gemeindevorsteher (Maire) — was dem jetzigen Bürgermeister entspricht — gegen die gesetzlichen Vertreter des Kindes, welche dasselbe zu einem den Vorschriften dieses Gesetzes entsprechenden Schulbesuch nicht anhalten, amtlich Verwarnung, Geldbußen bis zu 10 Francs, entsprechende Entziehung der Armenunterstützung und bei fortgesetzter Pflichtversäumniß Gefängniß bis zu einer Woche zu erkennen; bei Zahlungsunvermögen wird die Geldbuße in Gefängnißstrafe umgewandelt und ist eine Geldbuße bis zu 1 Francs einer 6stündigen Gefängnißstrafe gleich zu achten. Die folgenden Paragraphen bestimmen die Formen der Ladung, sowie die Formen der Vollstreckung. —

Der Text dieser sämmtlichen vorgenannten landesgesetzlichen Bestimmungen konnte jedoch nicht in diese Zusammenstellung aufgenommen werden, weil dem Benutzer des Buches dadurch zu viel unbrauchbares Material in die Hand gegeben werden würde. Jeder Benutzer braucht die Gesetzgebung seines Staates; alles andere ist für ihn unpraktisch. Mit Rücksicht hierauf hat nur der Text derjenigen Gesetzgebungen (in der Anlage C.) Aufnahme gefunden, welche für einen größeren Kreis von Behörden von Bedeutung sind.

III. Zuständigkeit.

§§. 67—77.

Unter Zuständigkeit für eine Sache (Competenz) versteht man die Befugniß einer richterlichen Behörde zur Behandlung derselben. Richterliche Behörde ist aber auch die Polizeibehörde (Bürgermeister, Amtsvorstand, Ortsvorstand, Schultheiß, Gemarkungsvorstand u. s. w.) in denjenigen Fällen, in welchen §. 67.

das Gesetz ihr die Befugniß giebt, die Strafe vorläufig festzusetzen. Diese Behörden sind daher in dieser Thätigkeit passend als „Polizeirichter" zu bezeichnen.

Die Motive zum Entwurf einer St.P.O. führen S. 243 aus:

Die Strafverfügung der Polizeibehörde enthält unverkennbar die wesentlichen Elemente einer richterlichen Entscheidung und damit den Charakter einer richterlichen Handlung. Allerdings wird sie durch den Antrag auf gerichtliche Entscheidung und durch den Beginn der dadurch herbeigeführten Hauptverhandlung aufgehoben; ohne diesen Antrag wirkt sie aber wie ein Strafurtheil.

Die Zuständigkeit des Polizeirichters ist durch verschiedene Umstände bedingt, welche im einzelnen Fall zusammentreffen müssen. Es sind dies folgende:

§. 68. Sie erstreckt sich nur auf Uebertretungen im Sinne des §. 1 des St.G.B.'s (§. 453 Abs. 1. St.P.O.), d. h. auf Handlungen, welche mit Haft oder mit Geldstrafe bis zu 150 M. bedroht sind. (Sachliche Zuständigkeit.)

Ob die Uebertretung in dem Strafgesetzbuch oder in einem anderen Reichsgesetz, in einem Landesgesetz oder in einer gesetzlich zulässigen polizeilichen Verordnung, wie Ortsstatuten, Polizeireglements und dergl., vorgesehen ist, macht hinsichtlich der Zulässigkeit des polizeilichen Strafverfahrens keinen Unterschied.[1]

Sobald aber ein solches Gesetz eine höhere Strafe androht,

[1] **Ausgeschlossen** von der Zuständigkeit der Polizeibehörden sind:

In Mecklenburg-Schw. und -Str. durch VO. v. 28./5. 1879 §. 9:
§. 360 Ziff. 1—8, §. 361 Ziff. 2—8, §§. 362. 363. 364. 370 Ziff. 3 St.G.B.

In Sachsen-Weimar durch Ges. v. 12./4. 79 §. 2:
§. 360 Ziff. 1—8 und 13, §. 361 Ziff. 3—9, §§. 363. 364. 367 Ziff. 1, 7, 10, §. 368 Ziff. 10, §. 369 Ziff. 1, §. 370 St.G.B.

In Oldenburg durch Ges. v. 25./3. 79 Art. 2 §. 1:
§§. 360—364, §. 366 Ziff. 6 u. 7, §. 367 Ziff. 1, 3—10, §. 368 Ziff. 1, 10 und 11, §. 369 Ziff. 1, §. 370 Ziff. 3—6 St.G.B.

In Sachsen-Coburg durch Ges. v. 7./4. 79 §. 2:
§. 360 Ziff. 1—9, 11, §. 361 Ziff. 9, §§. 363. 364. 366 Ziff. 6, §. 367 Ziff. 7, 10, §. 369 Ziff. 1, §. 370 Ziff. 1, 2, 5 St.G.B.

In Schw.-Rudolstadt durch Ges. v. 28./3. 79 §. 3:
§. 361 Ziff. 3—9, 363.

ist, auch wenn eine noch so geringe Strafe im einzelnen Fall auszusprechen wäre, die Polizeibehörde zur Straffestsetzung nicht befugt.—

Zuständig für eine Uebertretung ist ferner diejenige Polizeibehörde, in deren Bezirk die Uebertretung begangen ist. — §. 7 St.P.O. — (Oertliche Zuständigkeit.) §. 69.

Nach §. 8 St.P.O. ist zwar auch diejenige Polizeibehörde zur Straffestsetzung befugt, in deren Bezirk der Angeschuldigte zur Zeit der Erhebung der Klage seinen Wohnsitz hat.[1] Gerade bei Uebertretungen wird aber regelmäßig diejenige Polizeibehörde sich zur Straffestsetzung veranlaßt finden, in deren Bezirk die Uebertretung begangen ist, wie sich dies auch aus Zweckmäßigkeitsgründen (der Einziehung etwa erforderlicher Erkundigungen und dergl.) empfiehlt.

Von mehreren, nach Vorstehendem zuständigen Polizeibehörden gebührt derjenigen der Vorzug, welche die Strafverfügung zuerst erlassen hat (§. 12 St.P.O.). §. 70.

Sollte also die Wohnorts-Polizeibehörde dem Thäter einer Uebertretung die Strafverfügung früher zugestellt haben, als die Polizeibehörde des Orts, wo die Uebertretung begangen wurde, so geht jene vor und die letztere kann nicht etwa ihrerseits noch einmal strafen. Denn wegen jeder strafbaren Handlung darf nur einmal eine Strafe ausgesprochen werden.

Da neben den Polizeibehörden auch die Amtsgerichte zur Erlassung von Strafbefehlen zuständig sind, so sind landesgesetzlich mehrfach besondere Bestimmungen über das Verhältniß beider zu einander getroffen worden.[2]

Wo dies nicht der Fall ist, greifen die obigen Grundsätze in gleicher Weise auch hierfür Platz: es gebührt derjenigen Be-

---

[1] Für Preußen: Nach §. 1 d. Ges. v. 14./5. 1852 u. §. 2 d. Rgl. ist nur der Polizeiverwalter zuständig, in dessen Bezirk die Uebertretung begangen ist.

[2] Preußen: Ges. v. 14./5. 1852 §. 9. Kgr. Sachsen: V.O. v. 15./9. 1879 §. 11. Württemberg: Ges. v. 12./8. 1879 Art. 16. Mecklenburg: V.O. v. 28./5. 1879 §. 26. Oldenburg: Ges. v. 25./3 1879 Art. 3 §. 2. S.-Coburg: Ges. v. 7./4. 1879 §. 10.

hörde der Vorzug, welche zuerst den Strafbefehl dem Beschuldigten hat zustellen lassen.

§. 71. 3. Weiter aber ist die nach Vorstehendem — also sachlich und örtlich — zuständige Polizeibehörde nur dann zur Straffestsetzung befugt, wenn die Strafe, welche nach ihrem pflichtmäßigen Ermessen für die Uebertretung festzustellen ist, der Art und dem Maß nach **eine solche ist, zu deren Ausspruch die Polizeibehörde befugt ist.** Darüber, welche Strafe jede Polizeibehörde verfügen kann, geben die betreffenden Landesgesetze Auskunft.[1]

---

[1] Die Competenzen der Polizeibehörden sind folgende:

1. In Preußen (Ges. v. 14./5 1852 §. 1 u. Bek. v. 15./9. 1879 I.):
   die Polizeiverwalter Geldstrafe bis 15 Mark oder Haftstrafe bis zu 3 Tagen.
2. In Sachsen (Ges. v. 8./3. 1879 §. 1 in Anschluß an:
   a. Die revid. Städteordnung vom 24./4. 1873 §. 103.
   b. Die Städteordnung für mittlere und kleine Städte vom nämlichen Tag §§. 12 u. 14.
   c. Die revid. Landgemeindeordnung vom nämlichen Tag §§. 74 u. 76.
   d. Gesetz, die Organisation der Behörden für die innere Verwaltung betr., v. 21./4. 1873 §. 6):

   die Gemeindevorstände in Landgemeinden nur Geldstrafe bis 30 Mark,
   die Bürgermeister in mittleren und kleinen Städten Geldstrafen bis 75 Mark und Haftstrafen bis 8 Tagen,

die Stadträthe in Städten mit revid. Städteordnung, die Königl. Amtshauptmannschaften für Landgemeinden sowie für mittlere und kleine Städte, die Königl. Polizeidirection in Dresden, die städtischen Polizeiämter in Leipzig u. Chemnitz.	Geldstrafen bis 150 M. und Haft bis 14 Tagen.

3. In Württemberg (Ges. v. 12./8. 1879 Art. 10—14.):
   die Ortsvorsteher in Gemeinden 3. Classe bis 2 Tage Haft und Geldstrafe von 12 Mark,
   die Ortsvorsteher in Gemeinden 2. Classe und in den unter Staatsaufsicht gestellten Gemeinden bis 4 Tage Haft und Geldstrafe bis 24 Mark,

Diese landesgesetzlich festgesetzte Competenzgrenze bezeichnet §. 72.
jedoch nur den Höchstbetrag einer Strafe, welche für eine ein=

---

in Gemeinden 1. Classe bis zu 6 Tagen Haft und Geldstrafen bis zu 36 Mark,

Anwälte von Theilgemeinden Geldstrafen bis 6 Mark und an deren Stelle tretende Haft bis 1 Tag,

Eisenbahnstellen Geldstrafen bis 30 Mark und die an deren Stelle tretende Haft.

4. Baden (Ges. v. 3./3. 1879 §. 124. 127. 130):

die Bezirkspolizeibehörden bis 150 Mark und Haft von 14 Tagen,

Bahnhofsvorstände und Hafenverwaltungsbehörden bis 150 Mark Geldstrafe,

Bürgermeister bis 10 Mark oder bis 2 Tage Haft, — in Städten über 3000 Einwohner bis 30 Mark Geldstrafe.

5. Mecklenburg (V.O. v. 28./5. 1879 §§. 8 u. 9):

die Ortsobrigkeit als Polizeibehörde Geldstrafe bis 150 Mark oder Haftstrafe bis 14 Tagen.

6. In Oldenburg (Ges. v. 25./3. 1879 §. 2):

Die Aemter und Stadtmagistrate 1. Classe als Polizeibehörden Geldstrafen (bis 150 Mark) und die an deren Stelle tretende Haft.

7. In Sachsen=Weimar (Ges. v. 12./4. 1879 §§. 3 u. 4):

Das Staatsministerium, die Bezirksdirectoren und Bergämter Geldstrafen bis 150 Mark und Haftstrafen bis 14 Tagen,

die Gemeindevorstände, das Hofmarschallamt, Revierverwalter und Stationsvorsteher nur Geldstrafe (bis 150 Mark).

8. In Sachsen=Meiningen (Ges. v. 17./6. 1879 §. 2):

Ortsvorstände Geldstrafe bis 25 Mark,

die Bürgermeister der 7 größeren Städte Geldstrafe bis 60 Mark und Haft bis 14 Tagen.

9. In Sachsen=Coburg (Ges. v. 7./4. 1879 §. 2):

die Landrathsämter und Stadträthe und Magistrate der 7 größeren Städte Geldstrafe bis 60 Mark und Haft bis 14 Tagen.

10. In Sachsen=Altenburg (Ges. v. 8.|5. 1879 §. 1 u. v. 13./6. 1876 §. 11):

die Landrathsämter und Stadträthe bis 150 Mark u. 14 Tage Haft — die Amtsvorsteher Geldstrafe bis 30 Mark —.

11. In Braunschweig (Ges. v. 1./4. 1879 §. 1):

die Polizeidirection in Braunschweig bis 15 Mark Geldstrafe oder 3 Tage Haft, zelne Uebertretung vom Polizeirichter verfügt werden kann. Sind wegen mehrerer selbständiger Handlungen Strafen verwirkt, so sind diese für jede einzelne Uebertretung besonders festzusetzen. Sofern die Einzelstrafen sich innerhalb der Grenzen der Zuständigkeit des Polizeirichters bewegen, kann ihre Gesammtsumme jenen Höchstbetrag übersteigen. Haftstrafe darf aber

---

ebenso die Polizeibehörden in denjenigen Städten und mit städtischer Verwaltung versehenen Flecken, welchen diese Befugniß durch landesherrliche Verordnung übertragen wird.

12. In Anhalt (Ges. v. 28./3. 1877 §. 5 u. v. 27./4. 1878 §. 8):
die Kreisdirectionen und städtischen Polizeiverwaltungen, welchen die Ausübung der Kreispolizei übertragen ist, sowie die Amtsvorsteher Geldstrafen bis 150 Mark und Haftstrafen bis 14 Tagen.

13. In Schwarzburg-Sondershausen (Ges. v. 17./5. 1879 §. 1):
die Polizeibehörden Haftstrafen bis 14 Tagen oder Geldstrafen (bis 150 Mark).

14. In Schwarzburg-Rudolstadt (Ges. v. 28./3. 1879 §. 3):
das Ministerium, die einzelnen Abtheilungen desselben, die Landrathsämter Haft bis 14 Tage und Geldstrafe (bis 150 Mark), — die Stadtgemeindevorstände als Polizeibehörden Geldstrafe — (bis 150 Mark). — Ebenso:

15. In Reuß-Schleiz (Ges. v. 22./2. 1879 §. 1).

16. In Reuß-Greiz (V.O. v. 20./9. 1879):
das Fürstliche Landrathsamt.

17. In Lippe-Schaumburg (Ges. v. 23./2. 1875 §. 1):
die Aemter und Magistrate und der Residenzpolizeidirector Haft bis 14 Tage und Geldstrafe bis 60 Mark.

18. In Lippe-Detmold (Städteordnung v. 16./5. 1843. Tit. 7. 117):
der Magistrat im Stadtbezirk.

19. In Hamburg (Ges. v. 23./4. 1879 §. 4):
die Polizeibehörden Geldstrafe (bis 150 Mark) und die an deren Stelle tretende Haft.

20. In Lübeck (Ges. v. 20./6. 1879 §. 1):
die Polizeibehörden Haftstrafe bis 14 Tage oder Geldstrafe (bis 150 Mark). — Ebenso:

21. In Bremen (Ges. v. 25./6. 1879 §. 94):
die Polizeidirection zu Br., die Medicinalämter, der Landherr, in den Hafenstädten die damit beauftragten Behörden.

auch in diesem Falle nicht über die Dauer von drei Monaten verfügt werden.[1] (§§. 77 u. 78 St.G.B.)

Gelangt jedoch die Polizeibehörde bei der Prüfung der Sache zu der Ueberzeugung, daß im einzelnen Falle eine Strafe verhängt werden müsse, welche der Art oder dem Maß nach über ihre Competenz hinausgehen würde, so hat sie die Sache zur Verfolgung an den Amtsanwalt abzugeben.[2] §. 73.

a. Für zusammenhängende der polizeilichen Strafverfügung unterliegende Uebertretungen (§. 68), welche einzeln nach den vorstehenden Grundsätzen (§§. 69 u. 70) zur Zuständigkeit verschiedener Polizeibehörden gehören würden, ist die örtliche Zuständigkeit bei jeder Polizeibehörde begründet, welche für eine derselben zuständig ist (St.P.O. §. 13 Abs. 1.). §. 74.

Zusammenhängend sind Uebertretungen aber in folgenden zwei Fällen:

1. wenn eine Person mehrerer Uebertretungen beschuldigt wird, oder
2. wenn bei einer Uebertretung mehrere Personen als Thäter oder als Anstifter beschuldigt werden.

Im ersteren Falle kann die Polizeibehörde für sämmtliche zur Anzeige gebrachten Uebertretungen die Strafe festsetzen; sie kann dies aber auch nur für die eine oder andere und kann von der Festsetzung der Strafe für die anderen Uebertretungen Abstand nehmen und sie an den Amtsanwalt zur weiteren Verfolgung überweisen, wenn sie dies nach Lage der Sache für entsprechend hält.

---

[1] Diese mehreren Einzelstrafen sind durch einfache Zusammenrechnung in eine Gesammtstrafe zusammenzuziehen. Diese, welche in einer einzigen Strafverfügung ausgesprochen werden kann, kann sonach weit über den Betrag hinausgehen, welchen der Polizeirichter im einzelnen Fall zu erkennen befugt ist.

[2] So z. B. wenn gegen einen wegen Bettelns in den letzten drei Jahren (§. 362 St.G.B.) mehrfach bestraften Bettler die Ueberweisung an die Landespolizeibehörde am Platz erscheint, da diese nur vom Gericht ausgesprochen werden kann.

Im zweiten Falle dagegen hat die Polizeibehörde die Straffestsetzung auf sämmtliche Betheiligte zu erstrecken.

b. **Wenn aber in dem Fall zusammenhängender Strafsachen eine** derselben zur Zuständigkeit des Gerichts — nicht der Polizeibehörden — gehört, so müssen dieselben insgesammt — auch diejenigen, für welche an sich die Polizeibehörde zuständig sein würde — zur Aburtheilung an das Gericht, resp. den Amtsanwalt zur weiteren Verfolgung abgegeben werden.

In diesem Fall tritt die polizeiliche Strafgewalt der richterlichen Strafgewalt gegenüber zurück. (§. 2 St.P.O.)

§. 75. Die nach Vorstehendem an sich zuständige Polizeibehörde ist kraft Gesetzes von der Ausübung der ihr übertragenen Straffestsetzungsbefugniß ausgeschlossen:

1. wenn der betr. Polizeibeamte selbst durch die strafbare Handlung verletzt ist,
2. wenn derselbe Ehemann oder Vormund der beschuldigten oder verletzten Person ist oder gewesen ist,
3. wenn er mit dem Beschuldigten oder Verletzten in gerader Linie verwandt, verschwägert oder durch Adoption verbunden, in der Seitenlinie bis zum dritten Grad verwandt oder bis zum zweiten Grad verschwägert ist, auch wenn die Ehe, durch welche die Schwägerschaft begründet ist, nicht mehr besteht.

Die Zulässigkeit der polizeilichen Strafverfügung fällt ferner weg, wenn der Träger der Ortsobrigkeit selbst beschuldigt ist.

Es ist dies eine unabweisbare Consequenz der Auffassung der polizeilichen Strafverfügung als einer richterlichen Handlung.

§. 76. Wo ferner durch specielle gesetzliche Bestimmung die ausschließliche Zuständigkeit der Gerichte festgestellt ist, da fällt die Befugniß der Polizeigewalt weg. (Dies ist z. B. der Fall im §. 29 des Ges. über die Presse v. 7. Mai 1874 — R.G.Bl. S. 65 ff.)

§. 77. In Bezug auf Militärpersonen ist endlich folgendes zu bemerken. Das Strafgesetzbuch für das Heer (B.G.Bl. 1867 S. 229) II. Theil §§. 3 und 269 bestimmt:

Den Civilbehörden bleibt die Untersuchung und Entscheidung der Contraventionen gegen Finanz- und Polizeigesetze und gegen Jagd- und Fischerei-Verordnungen in dem Fall überlassen, wenn die Contravention im Gesetz nur mit Geldbuße oder Confiscation bedroht ist.

Ist dagegen im Gesetz die Contravention nur oder alternativ mit Freiheitsstrafe bedroht oder trifft mit der Contravention ein anderes Verbrechen zusammen, so steht die Untersuchung und Entscheidung ausschließlich den Militärgerichten zu.

Zur Erläuterung dieses §. 3 bemerkt Solms, Militär-St.G.B. für das Deutsche Reich (2. Auflage, Textausgabe von Rudorff und Solms, Berlin 1878) S. 146:

Contraventionen sind hier Vergehen und Uebertretungen. Die Zuständigkeit der Civilbehörde ist nicht ausgeschlossen, wenn im Gesetz für den Unvermögensfall eine Freiheitsstrafe angedroht ist. Der Ausdruck „Verbrechen" umfaßt alle strafbaren Handlungen. —

Der Militärgerichtsstand beginnt für die Personen des Soldatenstands mit der Einstellung in einen bestimmten Truppentheil (§. 5 der Mil.-St.Ger.O.). Die zum Beurlaubtenstand gehörigen Personen sind jedoch während der Beurlaubung dem Civilgericht unterworfen. (§. 6 das.)

Mit Rücksicht auf die besonderen hierbei obwaltenden Verhältnisse haben mehrfach Landesgesetze ausdrücklich bestimmt, daß bei Uebertretungen von Militärpersonen die Straffestsetzungsbefugniß der Polizeibehörden in Wegfall kommt.[1]

Wo dies nicht geschehen, da beschränkt sich die Straffestsetzungsbefugniß auf Geldstrafe und Einziehung. Haftstrafe kann gegen Militärpersonen nicht verfügt werden. Kann die Geldstrafe nicht beigezogen werden, so ist dieselbe von den Militärgerichten, welche darum zu ersuchen sind, in verhältnißmäßige Freiheitsstrafe umzuwandeln und zu vollstrecken.[2]

---

[1] Sachsen-Weimar: Ges. v. 12./4. 79 §. 2 Ziff. 3. Schwarzburg-Rudolstadt: Ges. v. 28./3. 79 §. 2.

[2] So ausdrücklich Preußen: Ges. v. 14./5. 52 §. 10 u. §. 28 des Reglem. v. 30./9. — Mecklenburg: V.O. v. 28./5. §. 36. — Baden: V.O. v. 11./9. 79 §. 4.

IV. Verfahren bei Eingang einer Anzeige; deren Prüfung; Inhalt und Erlaß der Strafverfügung.

§§. 78—85.

§. 78. Anzeige und deren Prüfung. Sobald eine Anzeige bei der Polizeibehörde mündlich oder schriftlich erstattet wird — im ersteren Falle ist eine kurze Niederschrift darüber zu bewirken (§. 156 St.P.O.) — hat dieselbe nach den im Vorstehenden gegebenen Anhaltepunkten zu prüfen, ob sie selbst zur Festsetzung der Strafe befugt sei, — ob es sich also nur um eine Uebertretung (§. 68 oben) handele und ob sie für dieselbe sachlich (ebendas.) und örtlich (§. 69 oben) zuständig sei, endlich ob keiner der die Zuständigkeit der Polizeibehörden ausschließenden Gründe vorliege (§§. 74—77 oben).

Die Polizeibehörde kann nun finden:

a. daß nicht sie, sondern das Gericht zur Aburtheilung zuständig sei, entweder

1. weil keine Uebertretung, sondern ein Vergehen oder Verbrechen (§. 1 St.G.B.) vorliege, oder
2. weil zwar eine Uebertretung vorliege, daß aber für dieselbe nicht die Polizeibehörde, sondern das Gericht zuständig sei (§§. 74—76 oben),
3. weil zwar eine Uebertretung vorliege, die Polizeibehörde auch für sie zuständig sei, daß aber dieselbe derartig sei, daß eine höhere Strafe ausgesprochen werden müsse, als sie auszusprechen befugt sei;

— in allen diesen Fällen ist die Anzeige an den Amtsanwalt abzugeben —

b. daß die zur Anzeige gebrachte That gar keine strafbare Handlung sei; dann hat sie die Anzeige für beruhend zu erklären und, wenn ein besonderer Antrag auf Verfolgung gestellt ist, dem Antragsteller seinen Beschluß unter Angabe der Gründe zu eröffnen; oder endlich

c.) daß sie zur Festsetzung der Strafe befugt sei.

Anzeigen gegen Personen, deren Aufenthalt unbekannt und nicht zu ermitteln ist, oder welche sich außerhalb des deutschen Reichs befinden, sind zweckmäßig an den Amtsanwalt abzugeben. Es ist nicht zu empfehlen, daß in solchen Fällen von der Straffestsetzung Gebrauch gemacht wird, da dies nur mittelst öffentlicher Ausschreiben erfolgen könnte, dies aber mit dem Wesen der ganzen Einrichtung nicht im Einklang steht.[1] §. 79.

Mitunter wird die Anzeige allein nicht die nöthigen Grundlagen gewähren, um darauf hin sofort die Strafverfügung zu erlassen; es können sich Erkundigungen über Zeit, Ort, Art der strafbaren Handlung, über die an ihr betheiligten Personen, deren Alter und dergl. nothwendig machen. In solchen Fällen steht der Polizeibehörde das Recht zu deren Vornahme zu. Sie hat sich hierbei aber auf das allernothwendigste Maß zu beschränken und nicht etwa weitläufige Vernehmungen von Zeugen und Angeschuldigten vorzunehmen. Das Wesen der polizeilichen Strafverfügung besteht grade in der Kürze und Schnelligkeit des Verfahrens; damit aber steht ein langes Vorerörterungsverfahren durchaus im Widerspruch.[2] Die Strafverfügung ist und bleibt eine vorläufige Feststellung: die gründlichere Untersuchung bleibt eintretenden Falls dem Gerichte vorbehalten. §. 80.

Wird bei Erstattung der Anzeige über eine Uebertretung, für die der Polizeirichter an sich zuständig ist, zugleich der Beschuldigte vorgeführt, nachdem er vorläufig festgenommen §. 81.

[1] Baden: V.O. v. 11./9. 79 § 7 hat es ausdrücklich untersagt.

[2] Preußen: Regl. 30./9. 59 §§. 4—10. Würtemberg: Ges. v. 12./8. 1879. §. 18. Baden: V.O. v. 11./9. 79 §§. 8 u. 9. Mecklenburg: V.O. v. 28./5. 79 §§. 14—16. 20. Sachsen-Coburg: Ges. v. 7./4. 79 §. 4. Sachsen-Altenburg: Ges. v. 8./5. 79 §. 3. Hamburg: Ges. v. 23./4. 79 §. 6. Lübeck: Ges. v. 20./6. 79 §. 9.

worden ist, — über die Zulässigkeit der vorläufigen Festnahme vergl. §§. 49 ff. oben — so ist folgendes zu unterscheiden:

a. Ist der Polizeirichter befugt, Haftstrafe gegen einen Beschuldigten auszusprechen (worüber oben §. 71 Anm. 1 nachzusehen ist), so kann er alsbald Strafverfügung unter Festsetzung von Haftstrafe erlassen und dieselbe dem Beschuldigten mündlich eröffnen (vgl. nachstehend §. 84). Unterwirft sich dieser, so ist die Haftstrafe wie gewöhnlich zu vollstrecken (vgl. §. 115. 116). —

Beruft er sich dagegen auf gerichtliche Entscheidung, so ist er dem Amtsrichter vorzuführen, die Anzeige sammt Strafverfügung ist zugleich mit zu übersenden.

b. Ist der Polizeirichter nicht befugt, Haft zu verfügen, erkennt er aber die vorläufige Festnahme für berechtigt an, so läßt er den Verhafteten alsbald dem Amtsrichter vorführen; die Anzeige giebt er zugleich an denselben ab.

§. 82. Nothwendiger Inhalt jeder Strafverfügung ist:

1. Festsetzung der Strafe, der etwa verwirkten Einziehung und der Kosten (Verläge unten §§. 125. 126),

2. Bezeichnung der strafbaren Handlung,

3. Bezeichnung des angewendeten Strafgesetzes,

4. Angabe der Beweismittel, durch welche event. die strafbare Handlung bewiesen werden wird,

5. Die Eröffnung, daß der Beschuldigte gegen die Strafverfügung binnen einer Woche nach der Bekanntmachung bei der Polizeibehörde, welche die Verfügung erlassen hat, oder bei dem zuständigen Amtsgericht auf gerichtliche Entscheidung antragen könne.[1]

6. Die Casse, an welche die Zahlung zu leisten ist. —

---

[1] Für Württemberg, Baden, Mecklenburg, Hamburg: „Sofern er nicht die nach den Landesgesetzen zugelassene Beschwerde an die höhere Polizeibehörde ergreife (vgl. unten §. 109).“

Bei Festsetzung der Strafe sind alle den Straffall begleitenden Umstände, wie auch die Persönlichkeit des Thäters ins Auge zu fassen. —

Die Strafverfügung wird erlassen, indem das Formular, welches wohl in der Hand jeder mit der Straffestsetzung betrauten Behörde ist, ausgefüllt und mit Ort, Datum und Unterschrift unterzeichnet wird. Dieses ausgefüllte Formular bleibt als Concept bei den Acten zurück.

Gegen jeden mehrerer Beschuldigter, auch wenn sie §. 83.
als Mitthäter ein und derselben strafbaren Handlung erscheinen, ist eine besondere Strafverfügung zu erlassen.

Die Strafverfügung kann dem Angeschuldigten auf §. 84.
doppelte Weise mitgetheilt werden:

a. Sie kann ihm mündlich eröffnet werden. Wenn sich nämlich der Angeschuldigte persönlich vor der Polizeibehörde einfindet, so ist ihm das ausgefüllte Formular vorzulesen, darüber ein Protokoll des Inhalts aufzunehmen, daß, wo und an welchem Tag der Inhalt der Strafverfügung dem Beschuldigten mündlich von der zuständigen Behörde eröffnet worden sei. Stellt der Beschuldigte alsbald Antrag auf gerichtliche Entscheidung, so ist es im Protokoll zu erwähnen. Dies Protokoll kann auf dem Conceptformular selbst niedergeschrieben werden. Auf Verlangen des Beschuldigten ist ihm eine Abschrift der Strafverfügung zu ertheilen.[1]

b. Die Strafverfügung kann aber auch schriftlich erlassen werden und zwar ist dies die Regel. Dies geschieht durch Zustellung eines zweiten, dem Concept gleichlautend ausgefüllten, unter gleichem Ort und Datum von der feststellenden Behörde vollzogenen Formulars an den Beschuldigten. Dabei sind die speciellen Bestimmungen der §§. 96 ff. unten sorgfältig zu beachten. Wird die Zustellung schriftlich durch einen ausgefüllten Behän-

---

[1] Württemberg: Ges. v. 12./8. 79 §. 19 Abs. 2: die Vorladung eines ortsabwesenden Beschuldigten ausschließlich zum Zweck der Eröffnung einer Strafverfügung ist unzulässig.

digungsschein des Postboten oder Polizei- oder Amtsdieners bescheinigt, so ist das betreffende Schriftstück dem Conceptformular beizulegen. —

Wird dagegen, wo dies zulässig ist[1], mündlich über die Behändigung referirt, so ist auf dem Conceptformular selbst zu bemerken, wann, an wen und durch wen bez. in welcher nach den näheren Ausführungen der §§. 98—100 unten zulässigen Weise die Zustellung der Ausfertigung bewirkt ist. —

§. 85. **Verhältniß der Geldstrafe zur Haftstrafe, Umwandlung der Geldstrafe in Haftstrafe.**

Für die Fälle, in welchen die Polizeibehörden befugt sind, entweder selbst Haftstrafen auszusprechen oder diejenige Haftstrafe in der Strafverfügung anzudrohen, welche an Stelle der Geldstrafe in dem Falle treten solle, daß die letztere nicht beigetrieben werden kann, ist für das Verhältniß der Haftstrafe zur Geldstrafe folgendes zu bemerken:

Der §. 29. St.G.B. bestimmt:

Bei Umwandlung einer — wegen einer Uebertretung erkannten Geldstrafe ist der Betrag von einer bis fünfzehn Mark einer eintägigen Freiheitsstrafe gleich zu achten.

Der Mindestbetrag der an Stelle einer Geldstrafe tretenden Freiheitsstrafe ist ein Tag, ihr Höchstbetrag bei Haft sechs Wochen u. s. w.

Den Maßstab für die Ausmessung der Geld- und Haftstrafe geben allein die Erwerbs- und Vermögensverhältnisse des Beschuldigten; für den Fabrikarbeiter und Handarbeiter wird man etwa den Betrag eines Taglohns gleich einem Tag Haft, für den Fabrik- und Grundherrn einen entsprechend höheren Betrag für einen Tag Haft in Ansatz bringen. Die Geldstrafe kann sonach bei verschiedenen Beschuldigten einer und derselben Uebertretung sehr verschieden sein, die Haftstrafen dagegen sind bei sonst gleicher Verschuldung für alle gleich. — Ein Beispiel wird dies erläutern:

[1] Weimar, Ges. v. 12/4. 1879 §. 9; Schwarzburg-Sondershausen, Ges. v. 17./5. 1879 §. 3 i. f.; Schwarzburg-Rudolstadt, Ges. v. 28./3. 1879 §. 5.

Ein und dieselbe Straßenpolizeiübertretung wird gegen den Fabrikherrn, Fabrikaufseher und Fabrikarbeiter zur Anzeige gebracht; die Polizeibehörde wird alsdann richtig so verfahren, daß sie gegen den Fabrikherrn etwa eine Geldstrafe von 10 M., im Fall der Unbeibringlichkeit einen Tag Haft, — gegen den Aufseher eine solche von 3 M., event. einen Tag Haft, — gegen die Arbeiter eine Geldstrafe von je 1—2 M., event. einen Tag Haft festsetzt. So wird sie eine, den verschiedenen Verhältnissen angepaßte gleiche Beurtheilung aller Beschuldigten erreichen.

Sehr zweckmäßig ist es aber, wenn die Polizeibehörden, wo sie überhaupt zur Androhung von Haftstrafen befugt sind, die Haftstrafe in jedem Falle gleich bei Erlaß der Strafverfügung androhen. Denn die nachträgliche Umwandlung einer Geldstrafe in Haftstrafe kann nicht kurzweg durch einen Beschluß erfolgen, sondern es muß vor der Entscheidung über die Umwandlung dem Verurtheilten Gelegenheit gegeben werden, darauf bezügliche Anträge zu stellen und zu begründen (§§. 491 und 494 St.P.O.); sollen diese Weitläufigkeiten vermieden werden, so ist die für den Fall der Unbeibringlichkeit der Geldstrafe eintretende Haftstrafe schon in der Strafverfügung selbst mit anzudrohen.[1] (Vergl. auch unten §. 118.)

V. Einige Grundsätze des Strafgesetzbuchs, welche bei Erlaß der Strafverfügungen zu beachten sind.

§§. 86—95.

Der §. 51 St.G.B. bestimmt: §. 86.

Eine strafbare Handlung ist nicht vorhanden, wenn der Thäter zur Zeit der Begehung der Handlung sich in einem Zustand von

---

[1] Ausdrücklich vorgeschrieben:

Preußen, Reglem. §. 10; Baden, V.O. v. 11./9. §. 12; Württemberg, Ges. v. 12./8. 1879 Art. 9. Mecklenburg, V.O. v. 28./5. 1879 §. 22; Oldenburg, Ges. v. 25./3. 1879 Art. 1. §. 2; Anhalt, Ges. v. 28./3. 1877 §. 5.

Bewußtlosigkeit oder krankhafter Störung der Geistesthätigkeit befand, durch welchen seine freie Willensbestimmung ausgeschlossen war.

Der §. 58 ebendas. bestimmt:

Ein Taubstummer, welcher die zur Erkenntniß der Strafbarkeit einer von ihm begangenen Handlung erforderliche Einsicht nicht besaß, ist freizusprechen.

Taubstumme, Blödsinnige und ähnliche Personen, insoweit sie nicht im Stande waren, die strafrechtliche Bedeutung ihrer Handlung im Wesentlichen richtig zu überblicken, sollen hiernach nicht zur Strafe gezogen werden. Unter die erstere Bestimmung kann auch die bis zur Bewußtlosigkeit gestiegene Trunkenheit fallen; doch ist es gerechtfertigt, hiermit sehr vorsichtig zu sein. Denn, wer im trunkenen Zustande Gesetzesverletzungen begeht, kann nicht nur wegen Fahrlässigkeit strafbar sein; er kann auch, wenn er zu dem Zwecke, um einen strafrechtlichen Erfolg herbeizuführen, sich absichtlich in den Zustand der Trunkenheit versetzte, wegen vorsätzlicher Verübung zur Strafe gezogen werden.

Uebrigens wird es zweckmäßig sein, in zweifelhaften derartigen Fällen die Anzeige an den Amtsanwalt abzugeben.

§. 87. Der §. 52 St.G.B. bestimmt:

Eine strafbare Handlung ist nicht vorhanden, wenn der Thäter durch unwiderstehliche Gewalt oder durch eine Drohung, welche mit einer gegenwärtigen, auf andere Weise nicht abwendbaren Gefahr für Leib und Leben seiner selbst oder eines Angehörigen verbunden war, zu der Handlung genötigt worden ist. Als Angehörige im Sinn dieses Strafgesetzes sind anzusehen Verwandte und Verschwägerte auf- und absteigender Linie, Adoptiv- und Pflegeeltern und Kinder, Ehegatten, Geschwister und deren Ehegatten und Verlobte.

Verwandte auf- und absteigender Linie sind eheliche und außereheliche. Verschwägerte auf- und absteigender Linie sind Schwiegereltern und -Kinder und Stiefeltern und -Kinder.

§. 88. Der §. 53 ebendas. bestimmt:

Eine strafbare Handlung ist nicht vorhanden, wenn die Handlung durch Nothwehr geboten war.

Nothwehr ist diejenige Vertheidigung, welche erforderlich ist, um einen gegenwärtigen rechtswidrigen Angriff von sich oder einem Andern abzuwenden.

Die Ueberschreitung der Nothwehr ist nicht strafbar, wenn der Thäter in Bestürzung, Furcht oder Schrecken über die Grenzen der Vertheidigung hinausgegangen ist.

Der §. 54 ebendas. bestimmt: §. 89.

Eine strafbare Handlung ist nicht vorhanden, wenn die Handlung außer dem Falle der Nothwehr in einem unverschuldeten auf andere Weise nicht zu beseitigenden Nothstand zur Rettung aus einer gegenwärtigen Gefahr für Leib oder Leben des Thäters oder eines Angehörigen begangen worden ist.

Praktisch ist vor allem aber die Bestimmung des §. 55 St.G.B.: §. 90.

Wer bei Begehung der Handlung das zwölfte Lebensjahr nicht vollendet hat, kann wegen derselben nicht strafrechtlich verfolgt werden.

Niemals kann also eine Strafverfügung gegen einen Beschuldigten erlassen werden, welcher das zwölfte Lebensjahr noch nicht vollendet hat.[1]

Dies ist ein Punkt, über welchen in Zweifelsfällen die Polizeibehörde stets vor Erlaß ihrer Strafverfügung bei der zuständigen Behörde, dem Pfarramte oder dem Standesbeamten, zuverlässige Erkundigung einzuziehen hat.

Der §. 56 St.G.B. bestimmt ferner: §. 91.

Ein Angeschuldigter, welcher zu einer Zeit, als er das zwölfte, aber nicht das achtzehnte Lebensjahr vollendet hatte, eine strafbare Handlung begangen hat, ist freizusprechen, wenn er bei Begehung derselben die zur Erkenntniß der Strafbarkeit erforderliche Einsicht nicht besaß.

Personen, welche zwischen dem 12. und 18. Lebensjahre stehen, können nur dann bestraft werden, wenn sie so viel Einsicht besitzen, als erforderlich ist, um die Strafbarkeit der von ihnen begangenen Handlung zu erkennen. Vor Erlaß des Strafbefehls muß daher festgestellt werden, resp. nach vorausgegangener Erörterung, ob der jugendliche Uebertreter auch zurech-

[1] Das Augenmerk ist besonders darauf zu richten, ob die Thäter etwa im Auftrag oder nach Anleitung ihrer Eltern oder anderer Personen gehandelt haben, da diese solchenfalls selbst verantwortlich sind, sei es wegen Anstiftung (§. 48 St.G.B.), sei es wegen Verabsäumung der obliegenden Pflicht, ihre Kinder und Pflegebefohlenen von der Begehung strafbarer Handlungen abzuhalten (§. 361 Ziff. 9 St.G.B.).

nungsfähig ist, d. h. hier: ob er geistig weit genug entwickelt ist, um die Strafbarkeit der von ihm begangenen Handlung einzusehen. In solchen Fällen wird es sich für den Polizeirichter empfehlen, den Beschuldigten selbst vorzuladen und über die Anschuldigung zu vernehmen, um sich aus seinen Aussagen ein Bild seiner geistigen Entwickelung machen und beurtheilen zu können, ob er die zur Erkenntniß der Strafbarkeit seiner Handlung erforderliche Einsicht besitzt. Das Resultat dieser Wahrnehmung ist alsdann kurz am Schluß des Protokolls zu bemerken, etwa mit den Worten: „Aus den Angaben des Angeschuldigten erhellte, daß er die zur Erkenntniß der Strafbarkeit seiner Handlung erforderliche Einsicht besitzt — oder — im Fall des gegentheiligen Resultats — nicht besitzt."

Vielfach, zumeist in kleineren Ortschaften, wird der mit der Handhabung der polizeilichen Functionen betraute Ortsvorstand persönliche Kenntniß des Angeschuldigten und dessen geistigen Zustands haben. In solchen Fällen ist zur Anzeige kurz zu vermerken, daß der Angeschuldigte nach der persönlichen Kenntniß des Polizeirichters die erforderliche Einsicht besitzt — oder — sie nicht besitzt.

Im Fall die erforderliche Einsicht nicht vorhanden ist, ist die Anzeige in Betreff des jugendlichen Angezeigten für beruhend zu erklären; im gegentheiligen Falle aber ist die Strafverfügung wie gewöhnlich zu erlassen.

Die für solche jugendliche Beschuldigte zu bestimmende Strafe soll regelmäßig eine mildere sein, als für andere Personen.

§. 92. Der Vollständigkeit halber mag auch die weitere auf Uebertretungen anzuwendende Bestimmung des §. 59 St.G.B. erwähnt werden, obwohl dieselbe für den Polizeirichter kaum praktisch werden wird:

> Wenn Jemand bei Begehung einer strafbaren Handlung das Vorhandensein von Thatumständen nicht kannte, welche zum gesetzlichen Thatbestande gehören oder die Strafbarkeit erhöhen, so sind ihm diese Umstände nicht zuzurechnen.
>
> Bei der Bestrafung fahrlässig begangener Handlungen gilt diese

Bestimmung nur insoweit, als die Unkenntniß selbst nicht durch Fahrlässigkeit verschuldet ist.

Der gewöhnliche Gang wird der sein, daß eine solche Unkenntniß von dem Beschuldigten gegen die Strafverfügung als Einrede geltend gemacht, daher nicht vom Polizeirichter, sondern von der Behörde, an welche dieser die Acten abzugeben hat, geprüft werden wird.

Für die Polizeirichter wird sie nur in den seltensten Fällen praktisch werden.

Weiter ist hier zu bemerken, daß der Versuch einer Uebertretung, ebenso wie die Beihülfe zu einer solchen straflos sind. (§§. 43 und 49 St.G.B.) §. 93.

Wo ein besonderer Strafantrag des Verletzten zur Bestrafung einer Uebertretung vom Gesetz erfordert wird (es ist übrigens nur der Fall in den Uebertretungen des §. 370 Ziff. 5 u. 6 St.G.B.), da muß dieser binnen 3 Monaten von dem Zeitpunkt ab gestellt werden, zu welchem der Verletzte von der Handlung und der Person des Thäters Kenntniß erlangt hat (§. 61 St.G.B.). §. 94.

Der Antrag muß bei der Polizeibehörde schriftlich gestellt sein, sonst ist er nicht zu beachten. — St.P.O. § 156 Abs. 2. Vgl. auch oben §. 21.

Endlich ist wegen einer Uebertretung dann Strafe nicht zu verhängen, wenn ihre Verfolgung verjährt ist. Dies ist der Fall, wenn seit Begehung der Uebertretung 3 Monate verflossen sind. (§. 67 Abs. 3 St.G.B.) §. 95.

Wo jedoch die strafbare Handlung darin besteht, daß etwas unterlassen wird, was gesetzlich gethan werden muß — wie z. B. die Wegschaffung von Gegenständen von öffentlichen Plätzen oder Straßen und dergl. — da beginnt die Verjährung erst mit dem Aufhören der Verpflichtung, z. B. also von Zeit der erfolgten Wegschaffung an, weil, so lange die Auflagerung währt, die strafbare Handlung fortdauert. —

Durch Erlaß der polizeilichen Strafverfügung wird die Verjährung unterbrochen.

VI. Die Zustellung.

§§. 96–103.

§. 96. Die Strafverfügung muß dem Angeschuldigten in gesetzlicher Form mitgetheilt werden. —

Es kann dies geschehen durch mündliche Eröffnung (vgl. oben §. 84a.); regelmäßig aber geschieht es durch Zustellung an den Angeschuldigten.

Die Formen, in welchen die Zustellung zu erfolgen hat, sind nach den Landesgesetzen sehr verschieden.

Die nachstehenden Grundsätze sind indeß überall zu beachten.

§. 97. Die Zustellung soll zunächst an den Beschuldigten selbst erfolgen; es kann dies an jedem Ort geschehen, wo derselbe angetroffen wird, auch auf der Straße. Doch ist im letzteren Fall die Zustellung nur dann gültig, wenn die Annahme nicht verweigert wird. Weigert sich der Beschuldigte, die Verfügung außerhalb seiner Wohnung, z. B. auf der Straße, anzunehmen, so muß die Zustellung nochmals in seiner Wohnung oder in seinem Geschäftslocal vorgenommen werden.

§. 98. Zustellung in der Wohnung.

Regelmäßig ist in der Wohnung des Beschuldigten zuzustellen.

a. Ist der Beschuldigte anwesend, so wird ihm die Verfügung übergeben. Weigert er sich, sie anzunehmen, so ist dieselbe in der Wohnung niederzulegen und daselbst zurückzulassen. — Unter keinen Umständen ist sie wieder mitzunehmen.

b. Ist der Beschuldigte nicht anwesend, so kann die Zustellung in der Wohnung (also nicht etwa auf der Straße) an einen zur Familie gehörigen erwachsenen Hausgenossen, oder an eine in der Familie dienende erwachsene Person erfolgen — insbesondere also an die Frau, an erwachsene Kinder oder an erwachsene Dienstboten.

c. Ist weder der Beschuldigte selbst noch ein solches Familienglied oder ein Hausgenosse anzutreffen, so kann die Zustellung an den in demselben Hause wohnenden Hauswirth oder Vermiether erfolgen, wenn diese zur Annahme des Schriftstücks bereit sind. Verpflichtet sind diese Personen zur Annahme jedoch nicht.

d. Ist die Zustellung auch auf diese Weise nicht ausführbar, so kann sie dadurch erfolgen, daß die Strafverfügung an dem Ort der Zustellung bei der Postanstalt, oder dem Gemeindevorsteher oder dem Polizeivorsteher niedergelegt und die Niederlegung sowohl durch eine an die Thüre der Wohnung des Beschuldigten zu befestigende schriftliche Anzeige, als auch, insoweit thunlich, durch mündliche Mittheilung an zwei in der Nachbarschaft wohnende Personen bekannt gemacht wird.

Zustellung im Geschäftslocal. — An Gewerbetreibende, welche ein besonderen Geschäftlocal haben, kann, wenn sie daselbst nicht angetroffen werden, die Zustellung an einen daselbst anwesenden Gewerbegehülfen erfolgen. — §. 99.

Wohnt der Beschuldigte nicht in dem Ort oder Bezirk des Polizeirichters, welcher die Strafverfügung erlassen hat, so kann die Zustellung außer auf dem Weg der Post durch Ersuchen derjenigen Polizeibehörde erfolgen, in deren Bezirk der Beschuldigte wohnt oder sich aufhält. Es ist daher an diese unter Beifügung der Strafverfügung ein Schreiben zu richten des Inhalts, die beiliegende Strafverfügung dem Beschuldigten zustellen zu lassen und die darüber aufzunehmende Zustellungsurkunde an die unterzeichnete Polizeibehörde zurückzusenden. §. 100.

Die Zustellung erfolgt regelmäßig durch verpflichtete Polizeibeamte, Amtsdiener und dergleichen dem Polizeirichter zur Verfügung stehende Unterbeamte.[1] §. 101.

[1] Preußen: Reglem. v. 30./9. 1852 §. 11. Sachsen: Ges. v. 8./3 79 §. 2. Württemberg: Ges. v. 12./8. 79 Art. 19: gegen einfache Empfangsbescheinigung. Oldenburg: Art. 3: in der für Zustellungen in Ver-

§. 102. Wo die Zustellung durch die Post nachgelassen ist,[1] erfolgt sie in folgender Weise:

Der Gemeinde- oder Amtsbote des Polizeirichters übergiebt die verschlossene Strafverfügung unter der genauen Adresse des Beschuldigten der Post zur weiteren Besorgung und stellt darüber, daß dies geschehen, dem Polizeirichter die erforderliche Bescheinigung zu dessen Acten aus. Seitens der Post wird die Zustellung an den Beschuldigten besorgt und die vom Postboten aufgenommene Zustellungsurkunde an die Polizeibehörde abgegeben. Diese nimmt sie gleichfalls zu den Acten.

§. 103. Wo die Zustellung durch den Gerichtsvollzieher nachgelassen ist, wird dieser unter Aushändiguug der Strafverfügung mit der Zustellung beauftragt.[2] Ueber Verzögerung bei Erledigung derartiger Aufträge ist beim Amtsgericht Beschwerde zu führen. —

VII. Rechtsmittel gegen die Strafverfügung.

§§. 104—109.

§. 104. Antrag auf gerichtliche Entscheidung,[3] Form dieses Antrags.

Dem Beschuldigten steht unter allen Umständen das Recht zu, gegen die Strafverfüguug die Entscheidung des zuständigen Amtsgerichts anzurufen, sowohl wegen seiner Verurtheilung über-

waltungssachen vorgeschriebenen Form. Braunschweig: §. 14 durch die Unterbeamten der Polizeibehörden nach Maßgabe der für gerichtliche Zustellungen geltenden Vorschriften, ebenso: Sachsen-Weimar: Ges. v. 12./4 79 §. 9. Mecklenburg: V.O. v. 28./5. 1879 §. 23. Schwarzburg-Sondershausen: Ges. v. 17./5. 1879 §. 3. Lübeck: §. 10.

[1] Sachsen: Ges. v. 8./3. 1879 §. 2. Württemberg: Ges. v. 12./8. 1879 Art. 19. Sachsen-Weimar: Ges. v. 12./4. 1879 §. 9. Schwarzburg-Sondershausen: Ges. v. 17./5. 1879 §. 3. Schwarzburg-Rudolstadt: Ges. v. 28./3. 1879 §. 5.

[2] Mecklenburg: V.O. v. 28./5. 1879 § 28 und v. 30./5. 1879 betr. die Hilfsanträge der nicht gerichtl. Behörden u. s. w. — Ger.-Vollz.-O. v. 20./8 1879.

[3] Bremen und Lübeck haben die Besonderheit, daß, wenn eine Vernehmung des Angeschuldigten vor Erlaß der Strafverfügung nicht statt-

haupt, als auch wegen der Strafhöhe (§. 453 Abs. 3 St.P.O.). Er kann den Antrag auf gerichtliche Entscheidung schriftlich oder mündlich bei der Polizeibehörde, welche die Strafverfügung gegen ihn erlassen hat, wie bei dem zuständigen Amtsgericht, dessen Entscheidung beantragt wird, stellen.[1]

Stellt er den Antrag bei der Polizeibehörde mündlich, so ist darüber ein kurzes Protokoll zu den Acten zu nehmen, daß, wo und wann der Beschuldigte persönlich erschienen sei und den Antrag auf gerichtliche Entscheidung gestellt habe.

Reicht er ihn schriftlich ein, so ist das Schriftstück zu den Acten zu nehmen.

Da, wo neben dem Antrag auf gerichtliche Entscheidung auch die Beschwerde an die höhere Polizeibehörde zulässig ist, kann nur von einem dieser beiden Rechtsmittel Gebrauch gemacht werden, so daß durch die Wahl des einen das andere ausgeschlossen wird. Hier muß aus dem schriftlichen Antrag hervorgehen, von welchem der beiden Rechtsmittel Gebrauch gemacht werden soll. Ist dies nicht zu ersehen, so muß die Polizeibehörde eine dem entsprechende schriftliche oder mündliche erläuternde Erklärung veranlassen.[2] Jede auch ganz allgemeine

---

gefunden hat, derselbe, unbeschadet des ihm zustehenden Rechts auf gerichtliche Entscheidung, eine weitere polizeiliche Untersuchung und Entscheidung beantragen kann. — Bremen: §. 95 des Ges. v. 25. 6. 1879. Lübeck: §. 2 des Ges. v. 16./6. 1879. —

[1] Der gesetzliche Vertreter eines Beschuldigten, desgleichen der Ehemann einer beschuldigten Frau können selbständig von dem zulässigen Rechtsmittel Gebrauch machen (§. 340 St.P.O.). Der Vater eines großjährigen, wenn schon noch in väterlicher Gewalt stehenden Sohnes ist nicht dessen gesetzlicher Vertreter im Sinn des §. 340 St.P.O. Auf das Strafverfahren bezügliche Erklärungen Minderjähriger sind vollständig rechtswirksam.

[2] Württemberg: Ges. v. 12./8. 1879 Art. 20 an die Oberämter resp. Kreisregierungen. Baden: Einf. Ges. v. 3./3. 1879 §. 128 und V.O. v. 11./9. §§. 17 und 18 an die höhere Polizeibehörde. Mecklenburg-Schwerin und -Strelitz: V.O. v. 28./5. 1879 (an das zuständige Ministerium). Hamburg: Ges. v. 23./4. 1879 §. 7 u. 8 (an den Senat).

Erklärung, sich nicht bei der Strafe beruhigen zu wollen, ist als Antrag auf das zulässige Rechtsmittel anzusehen. Ein Irrthum in der Bezeichnung des zulässigen Rechtsmittels ist unschädlich (§ 342 St.P.O.). Wird der Antrag auf gerichtliche Entscheidung auch nur in Beziehung auf nur einen Theil der Strafverfügung gestellt, so tritt dieselbe ihrem ganzen Umfang nach außer Kraft, so z. B., wenn nur die Strafhöhe angegriffen wird. —

§. 105. Frist für Einlegung des Rechtsmittels.

Soll ein solches Rechtsmittel wirksam sein, so muß es binnen einer Woche von der Bekanntmachung der Strafverfügung ab eingewendet werden.

Um den Anfang dieser Frist festzustellen, ist daher vor Allem die Feststellung erforderlich, wann die Bekanntmachung der Strafverfügung an den Beschuldigten — sei es durch mündliche Eröffnung, sei es durch Zustellung — erfolgt sei. — Für die Berechnung dieser Frist ist die Bestimmung des § 43 St.P.O. maßgebend:

> Eine Frist, welche nach Wochen (oder Monaten) bestimmt ist, endigt mit Ablauf desjenigen Tages der letzten Woche (oder des letzten Monats), welcher durch seine Benennung oder Zahl dem Tage entspricht, an welchem die Frist begonnen hat.
>
> Fällt das Ende einer Frist auf einen Sonntag oder allgemeinen Feiertag, so endigt die Frist mit Ablauf des nächstfolgenden Werktags.

Ist die Bekanntmachung der Strafverfügung also an einem Freitag erfolgt, so endigt die einwöchige Frist mit Ablauf des nächsten Freitags; hat die Bekanntmachung der Strafverfügung dagegen an einem Sonntag stattgefunden — was nicht absolut unzulässig ist — so endet die einwöchige Frist nicht mit Ablauf des Sonntags, sondern erst mit Ablauf des darauf folgenden Montags.

§. 106. Die Polizeibehörde prüft, wenn ein solches Rechtsmittel eingelegt wird, ob dies rechtzeitig — also innerhalb der einwöchigen Frist — geschehen ist.

a. Findet die Polizeibehörde, daß das Rechtsmittel zu spät

eingelegt, die Frist also versäumt worden ist, so läßt sie dem Betreffenden eine kurze Mittheilung davon zugehen, des Inhalts etwa:

Auf Ihren Antrag vom . . . . . wird Ihnen eröffnet, daß derselbe verspätet ist, da die einwöchige Frist zur Stellung desselben bereits mit dem . . . . abgelaufen ist.

Liebenstein, den . . . . . Der Ortsvorstand.

. . . .

In diesem Fall schreitet sie zur Vollstreckung der nunmehr rechtskräftigen Strafverfügung (vgl. unten §. 113).

Widerspricht der Beschuldigte und behauptet die Rechtzeitigkeit seines Antrags, so steht die endgültige Entscheidung über letzteren dem Richter zu. (§. 455 St.P.O.) Die Akten sind daher in solchem Falle dem Amtsanwalt vorzulegen. Ebenso wenn ein solcher Antrag wegen Mangels gehöriger Legitimation zurückgewiesen worden ist.

Stellt der Beschuldigte den Antrag auf Wiedereinsetzung in den vorigen Stand, so ist mit dem Vollstreckungsverfahren noch einzuhalten (vgl. unten §. 110). —

b. Ist die Frist gewahrt, der Antrag rechtzeitig gestellt, so übersendet die Polizeibehörde die Acten an den zuständigen Amtsanwalt. —

Sie hat jedoch in diesem Falle die Befugniß, die Straf- §. 107.
verfügung wieder zurückzuziehen, falls sie nämlich zur Ueberzeugung kommt, daß dieselbe aus irgend einem Grunde nicht gerechtfertigt ist.

Will die Polizeibehörde hiervon Gebrauch machen, so setzt sie den Beschuldigten davon mündlich zu Protokoll oder schriftlich in Kenntniß. —

Die Erklärung, durch welche der Beschuldigte sich der §. 108.
Polizeibehörde gegenüber der Strafverfügung unterworfen hatte, kann auch innerhalb der einwöchigen Frist nicht wieder zurückgenommen werden. Der einmal ausgesprochene Verzicht ist unwiderruflich (§§. 340 und 344 St.P.O.).[1]

[1] Sachsen: V.O. v. 15./9. 1879 §. 6 bestimmt, daß auch in diesem Fall die Sache an die Staatsanwalschaft abgegeben werden soll und zwar unter Sistirung des Vollstreckungsverfahrens.

§. 109. Beschwerde an die vorgesetzte Polizeibehörde.

1. Nicht zulässig ist gegen die Strafverfügung die Beschwerde an die höhere Polizeibehörde in

Preußen, Sachsen, Braunschweig, Oldenburg, S.-Weimar, S.-Meiningen, S.-Coburg, S.-Altenburg, Anhalt, Schwarzb.-Rudolstadt, Schwarzb.-Sondershausen, R.-Schleiz, R.-Greiz, Lippe-Schaumburg, Lippe-Detmold, Lübeck und Bremen.

2. Zulässig ist die Beschwerde, so daß der Beschuldigte zwischen ihr und dem Antrag auf gerichtliche Entscheidung die Wahl hat, in

Württemberg (an die Oberämter und resp. Kreisregierungen), Baden (an die höhere Polizei- bez. Eisenbahn- bez. Finanzbehörde), Mecklenburg-Schwerin und -Strelitz (an das zuständige Ministerium), Hamburg (an den Senat).

Durch die Wahl des einen Rechtsmittels wird das andere ausgeschlossen. —

Ueber Form und Frist der Einwendung der Beschwerde gilt das oben für den Antrag auf gerichtliche Entscheidung Gesagte mit der Abweichung, daß die Einwendung der Beschwerde außer bei der Polizeibehörde auch bei der mittelst der Beschwerde angerufenen Verwaltungsbehörde erfolgen kann.[1] —

VIII. Wiedereinsetzung in den vorigen Stand.

§§. 110—112.

§. 110. Voraussetzungen derselben.

Ein Beschuldigter, welcher es versäumt hat, rechtzeitig, also innerhalb der einwöchigen Frist, gegen die Strafverfügung

[1] Württemberg: Ges. v. 12./8. 1879 Art. 20. Baden: Einf.-Ges. v. 3./3. 1879 §. 128. u. V.O. v. 11./9. 1879 §§. 17 u. 18. Mecklenburg: V.O. v. 28./5. 1879 §§. 27—29. Hamburg: Ges. v. 23./4. 1879 §§. 7 u. 8. — In Württemberg ist sie nur bei der Polizeibehörde, welche die

auf gerichtliche Entscheidung anzutragen, kann, wenn ihm bei dieser Versäumung keine eigene Schuld zur Last fällt, er vielmehr durch unabwendbare Zufälle an der Einhaltung der Frist verhindert worden ist, verlangen, daß er in den vorigen Stand eingesetzt werde, mit anderen Worten: daß ihm nachträglich noch gestattet werde, die gerichtliche Entscheidung gegen die Strafverfügung herbeizuführen.

Insbesondere greift dies dann Platz, wenn er

1. durch Naturereignisse oder andere unabwendbare Zufälle, — oder
2. weil er von der Zustellung ohne sein Verschulden keine Kenntniß erlangt hat,

von der Einhaltung der Frist abgehalten worden ist. —

Es sind dies Beispiele; in ähnlichen Fällen wird der Amtsrichter gleichfalls die Wiedereinsetzung gewähren.

Der Antrag auf Wiedereinsetzung in den vorigen Stand ist §. 111.
bei derselben Behörde, in derselben Form und Frist zu stellen, wie der auf gerichtliche Entscheidung (vgl. oben §§. 104. 105). Die einwöchige Frist, binnen welcher der Antrag auf Wiedereinsetzung zu stellen ist, beginnt mit dem Tage, an welchem das Hinderniß weggefallen ist, z. B. also mit dem Tage, an dem der Antragsteller Kenntniß von der Zustellung erhalten hat.

In dem Gesuch müssen die Versäumnißgründe angegeben und zugleich glaubhaft gemacht werden, etwa durch Berufung auf das Zeugniß desjenigen Hausgenossen, an welchen in Abwesenheit des Antragstellers die Zustellung erfolgte, der es aber versäumt hatte, diesem die nöthige Mittheilung zu machen.

Endlich ist in dem Gesuch zugleich die Erklärung abzugeben, daß gegen die Strafverfügung auf gerichtliche Entscheidung angetragen werde.[1] —

Strafverfügung erlassen hat, einzuwenden, und ist hier eine zweite Woche von der Einlegung an zur Rechtfertigung gegeben. —

[1] Oder, wo dies zulässig ist (vgl. oben §. 109), und vom Antragsteller beabsichtigt wird: daß Beschwerde an die vorgesetzte Behörde ergriffen werde.

Ist ein solches Gesuch bei der Polizeibehörde, welche die Strafverfügung erlassen hat, eingegangen, so übersendet sie die Acten dem Amtsanwalt.[1] —

§. 112. Wenn von mehreren Theilnehmern einer Uebertretung nach Erlassung einer Strafverfügung Einer die Beschwerde an die höhere Verwaltungsbehörde ergreift, — wo dies zulässig ist — während ein Anderer auf gerichtliche Entscheidung anträgt, so empfiehlt es sich, zuerst die gerichtliche Entscheidung herbeizuführen und dann erst die Acten auf die Beschwerde an die zuständige höhere Verwaltungsbehörde einzusenden.[2] —

IX. Strafvollstreckung.[3]

§§. 113—124.

§. 113. Hat der Beschuldigte innerhalb der einwöchigen Frist nach der Bekanntmachung (Verkündung oder Zustellung) der

[1] Oder, wenn in zulässiger Weise (vgl. oben §. 109) Beschwerde ergriffen ist, an die höhere Polizeibehörde. — Württemberg: Ges. v. 12./8. 1879 Art. 20 an das Oberamt resp. Kreisregierung oder höhere Eisenbahnstelle. Baden: Ges. v. 3./3. 1879 §. 128 und V.O. v. 11./9. 1879 §§. 17 u. 18 an die höhere Polizei-, bez. Eisenbahn- oder Finanzbehörde. — Mecklenburg-Schwerin und -Strelitz: Ges. v. 28./5. 1879 §. 27 an das zuständige Ministerium. Hamburg: Ges. v. 23./4. 1879 §§. 7 u. 8 an den Senat.

[2] So ausdrücklich: Württemberg: Ges. v. 12./8. 1879 Art. 20. —

[3] Die St.P.O. enthält nichts darüber, in welcher Weise die polizeilichen Strafverfügungen zu vollstrecken seien. Maßgebend sind daher die landesgesetzlichen Bestimmungen hierüber; wo solche bis dahin bereits bestanden, sind sie in Kraft geblieben, — so für Preußen das Reglement vom 30./9. 1852.

Der Grundsatz ist überall (mit Ausnahme von Braunschweig) festgehalten, daß die Polizeibehörden die von ihnen erkannten Strafen auch selbst zu vollstrecken, resp. die Vollstreckung zu veranlassen haben. — Insoweit es sich um die Vollstreckung von Haftstrafen handelt, müssen

Strafverfügung einen Antrag auf gerichtliche Entscheidung nicht gestellt und ist auch keine Nachricht darüber eingegangen, daß ein Antrag auf gerichtliche Entscheidung bei dem zuständigen Amtsgericht gestellt worden sei,[1] ist somit die Strafverfügung vollstreckbar geworden, so muß nunmehr zur Vollstreckung geschritten werden. —

Durch ein Gesuch um Wiedereinsetzung in den vorigen Stand (§. 110) wird die Vollstreckung einer vollzugskräftigen Strafverfügung nicht gehemmt. — Aus Zweckmäßigkeitsgründen aber empfiehlt es sich, wenn die Sachlage es für angemessen erscheinen läßt, die Vollstreckung bis zur Entscheidung über das Gesuch ausgesetzt sein zu lassen (§. 47 St.P.O.).[2] §. 114.

---

sich die Polizeibehörden, falls sie nicht selbst geeignete Haftlocale haben, die Benutzung anderweiter Gefängnißlocale, insbesondere der Amtsgerichte, sichern. Sie haben sich in den Fällen, in denen sie eine Haftstrafe in den Amtsgerichtsgefängnissen vollstrecken lassen dürfen, an den zuständigen Amtsrichter ihres Bezirks mittelst Ersuchungsschreiben zu wenden.

[1] Da der Antrag auf gerichtliche Entscheidung auch bei dem zuständigen Amtsgericht gestellt werden kann, so tritt der Uebelstand ein, daß der Beschuldigte zwar den Antrag auf gerichtliche Entscheidung in gehöriger Weise gestellt haben, die betr. Polizeibehörde aber, welche die Strafverfügung erlassen hat, nichts davon wissen und die Strafvollstreckung veranlassen kann. Um dies zu vermeiden, empfiehlt es sich, die Strafvollstreckung nicht unmittelbar nach Ablauf der einwöchigen Frist eintreten zu lassen, sondern etwa noch eine weitere Woche abzuwarten, ob etwa seitens des Amtsgerichts die Mittheilung eingeht, daß dort der Antrag auf gerichtliche Entscheidung gestellt sei. Für den Beschuldigten selbst empfiehlt es sich, eine Bescheinigung des Amtsgerichts darüber, daß er den Antrag auf gerichtliche Entscheidung dort gestellt habe, sich ausstellen zu lassen und der betreffenden Polizeibehörde zu übermitteln. So Preußen: Ges. v. 14./5. 1852 §. 5. Braunschweig: §. 13. Sachsen-Weimar: Min.-Bek. v. 5./7. 1879 schreibt vor, daß noch eine zweite Woche bis zum Beginn des Strafvollzugs abgewartet werden solle. — Sachsen-Coburg: Ges. v. 7./4. 1879 §. 5.

[2] Oldenburg: Ges. v. 25./3. Art. 5 schreibt dies ausdrücklich vor, ebenso S.-Weimar: Ges. v. 22./4. 1879 §. 11.

§. 115. Der Strafvollzug liegt derjenigen Polizeibehörde ob, welche die Strafverfügung erlassen hat; sie hat also diejenigen Schritte zu thun, welche zum Vollzug der erkannten Strafe erforderlich sind.[1]

Der Weg, auf welchem die Strafen zum Vollzug zu bringen sind, ist in den einzelnen Staaten ein sehr verschiedener.

Preußen, Sachsen, Württemberg, Baden, Schwarzburg-Sondershausen, Hamburg, Lübeck und Bremen schreiben vor, daß sie auf dem rein administrativen Wege zu vollziehen seien.[2]

[1] Nur Braunschweig §. 14 schreibt vor, daß die Strafverfügung vom zuständigen Amtsgericht für vollstreckbar zu erklären und zu vollstrecken sei. Hier hat also die Polizeibehörde kein Recht des Strafvollzugs. Kgr. Sachsen bestimmt (§. 11 des Ges. v. 7./3. 1879 betreffend die Zwangsvollstreckung wegen Geldleistung in Verwaltungssachen):

„Zwangsvollstreckungen, welche sich im Geschäftskreise der Bürgermeister in Städten mit der Städteordnung für mittlere und kleine Städte, sowie der Gemeindevorstände nöthig machen, sind durch die in dem gerade in Frage kommenden Geschäftszweige nächstvorgesetzte Staatsverwaltungsbehörde zu verfügen, insoweit nicht den gedachten Bürgermeistern oder Gemeindevorständen die Vollstreckungsbefugniß durch Verordnung des zuständigen Verwaltungsministeriums übertragen ist." —

[2] Preußen: Reglem. v. 30./9. §. 16 u. 17. Sachsen: V.O. v. 15./9. 1879 §. 4 Abs. 3: „Wenn eine Verwaltungsbehörde nicht eigene Haftlocalitäten besitzt, ist nach §. 4 des Ges. A vom 28. Januar 1835 (Gesetz- und Verordnungsblatt, Seite 56) wegen Vollstreckung der von ihr auferlegten Haftstrafen die für die Strafvollstreckung zuständige Justizbehörde des Bezirks anzugehen." — Württemberg (Ges. v. 12./8. 1879 Art. 23) und Baden: (§§. 20 und 25 der V.O. v. 11./9. 1879) übertragen die im §. 489 St.P.O. der Staatsanwaltschaft beigelegten Befugnisse behufs Vollstreckung einer Freiheitsstrafe den Oberämtern resp. den Bezirksämtern und Bürgermeistern zum Zweck des Vollzugs der von ihnen erkannten Freiheitsstrafen; hier können die genannten Behörden also gegen den Verurtheilten, falls er sich auf ergangene Ladung zum Antritt der Strafe nicht gestellt hat, einen Vorführungs- und Haftbefehl erlassen, sogar einen Steckbrief, wenn er flüchtig ist. — Lübeck läßt jedoch zu, daß die Geldstrafen auch durch Gerichtsvollzieher beigezogen werden; in diesem Fall ist das Verfahren des §. 116 unten anzuwenden. —

S.-Coburg und S.-Altenburg verordnen, daß die Geldstrafe auf rein administrativem Wege beigezogen, die Haftstrafe dagegen unter Ersuchen der Staatsanwaltschaft, resp. des Amtsgerichts vollstreckt werde.[1]

Die übrigen Staaten bestimmen über den Weg des Strafvollzugs theils nichts,[2] theils schreiben sie den Vollzug der Geldstrafen durch Gerichtsvollzieher, der Haftstrafen durch die Amtsgerichte vor. Auch in denjenigen Staaten, welche nichts bestimmen, steht nichts dem entgegen, daß der Strafvollzug in derselben Weise, wie bei einem gerichtlichen Urtheil stattfinde. Für alle diese greift daher das nachstehend beschriebene Verfahren Platz, bez. ist dasselbe statthaft.

Das Verfahren beim Strafvollzug und zwar §. 116.
der Geldstrafen durch Gerichtsvollzieher, der Haftstrafen durch die Amtsgerichte.

Die Polizeibehörde hat zum Zweck des Strafvollzugs ein *weiteres* Formular der Strafverfügung nach Inhalt, Ort, Datum und Unterschrift vollständig *gleichlautend* mit dem Conceptformular auszufüllen, diese Abschrift zu *beglaubigen* und zugleich darunter zu *vermerken*, daß wie und wann die Strafverfügung dem Beschuldigten (oder in oben §§. 98—100 erwähnter zulässiger Weise einer andern Person) bekannt gemacht (verkündet oder zugestellt) worden sei. — Beglaubigung und Vermerk über die stattgehabte Eröffnung erfolgt zweckmäßig in nachstehender Form:

„Daß vorstehende Abschrift mit der dem Beschuldigten am ..... mündlich zu Protokoll bekannt gemachten — oder — mit der am ..... dem Beschuldigten in gesetzlicher Weise zugestellten — Strafverfügung gleichlautend ist, wird hiermit bezeugt.“

---

[1] *Sachsen-Coburg*: Ges. v. 7./4. 1879 §. 8. *Altenburg*: Ges. v. 8./5. 1879 § 7.

[2] In diesem Falle ist für den Strafvollzug auch der Weg der administrativen Zwangsvollstreckung zulässig. — So in S.-Meiningen.

Sodann hat die Polizeibehörde der so beglaubigten Abschrift der Strafverfügung die Bescheinigung der Vollstreckbarkeit — die sog. Vollstreckungsklausel — unter Beisetzung der Unterschrift und Beidrückung des Siegels in folgender Form hinzuzufügen:

a. insofern in der Strafverfügung eine Haftstrafe festgestellt ist, mit den unmittelbar an das Beglaubigungszeugniß anzuschließenden Worten:

„Zugleich wird vorstehende Ausfertigung hierdurch für vollstreckbar erklärt."

b. insofern eine Geldstrafe festgesetzt oder Einziehung verfügt ist oder insofern es sich um Kosten handelt, mit den unmittelbar an das Beglaubigungszeugniß anzuschließenden Worten:

„Zugleich wird vorstehende Ausfertigung dem . . . . . (Name und Wohnort des zu beauftragenden Gerichtsvollziehers) zum Zweck der Zwangsvollstreckung ertheilt."

. . . . den . . . . .

Der Ortsvorstand

(Siegel) . . . .

Diese vollstreckbare Ausfertigung ist hiernächst,

a. falls es sich um Vollstreckung einer Haftstrafe handelt, dem zuständigen Amtsrichter,

b. falls es sich um Geldstrafe, Einziehung oder um Kosten handelt, dem Gerichtsvollzieher, in dessen Bezirk der Beschuldigte seinen Wohnsitz hat,

zur weiteren Verfügung zu übersenden.[1]

Schließlich ist eine Notiz, wann, wie und an wen die

[1] So ausdrücklich:

Mecklenburg, V.O. v. 28./5. 79 §. 32. S.-Weimar, Ges. v. 12./4. 79 §. 12. Minist.-Bek. v. 5./7. 79 II. S.-Meiningen, §. 5 d. Ges. v. 17./6. u. §. 50 Abs. 3 Ziff. 3 der Geschäftsanweisung für die Gerichtvollzieher v. 18. 8. 79. Schw.-Rudolstadt, §. 8. d. Ges. v. 28./3. 79. Reuß-Schleiz, §. 5 d. Ges. v. 22/2. 79. Lübeck §. 12 d. Ges. v. 16./6. 79.

vollstreckbare Ausfertigung hinausgegeben wurde, zu den Akten zu bringen.

Verfahren, wenn Einziehung verfügt ist. (§§. 360. 367. 369 St.G.B.) §. 117.

Es ist hierbei zu unterscheiden: ob die eingezogenen Gegenstände ihrer Natur nach zu vernichten, oder zur weiteren Verfügung an die vorgesetzte Dienstbehörde abzugeben, oder endlich zu versilbern sind. (So werden z. B. diejenigen Gegenstände, deren Einziehung nach §. 360 Ziff. 6 u. 367 u. 369 St.G.B. verfügt ist, nach ihrer Beiziehung zu vernichten, die nach §. 360 Ziff. 1, 2, 4, 5 eingezogenen dagegen an die vorgesetzte Dienstbehörde abzugeben sein.)

Baares Geld, welches eingezogen ist (§. 360 Ziff. 14), und der Erlös von eingezogenen Gegenständen, welche durch öffentliche Versteigerung zu verwerthen sind, fließen zu derselben Casse, wie die Strafgelder.[1]

Umwandlung unbeibringlicher Geldstrafen in Haftstrafen. §. 118.

1. Ergibt sich bei der Zwangsvollstreckung, daß die Geldstrafe nicht beigezogen werden kann, so ist dieselbe in die entsprechende Haftstrafe zu verwandeln, dafern nicht schon in der Strafverfügung selbst für diesen Fall eine Haftstrafe angedroht ist.

Diejenigen Behörden, welche Haftstrafen auszusprechen befugt sind, können auch unbeibringliche Geldstrafen in Haftstrafen umwandeln.[2]

Diejenigen Behörden dagegen, welche nur Geldstrafen fest-

---

[1] Preußen, Regl. §. 18. S.-Weimar, Ges. v. 12./4. 79 §. 12.

[2] S.-Weimar, Min. Bek. v. 5./7. 79 IX bestimmt, daß die Umwandlung unter allen Umständen durch das Amtsgericht erfolge, ebenso:

Schw.-Rudolstadt, §. 9 d. Ges. v. 28./3. 79. —

Hamburg, §. 4 d. Ges. v. 23./4. 79
Württemberg, Ges. v. 12./8. 79 Art. 11 f. u. 12.
Oldenburg, Ges. v. 25./3. 79 §. 2.
} übertragen den resp. Polizeibehörden die Umwandlung unbeibringlicher Geldstrafen in Haftstrafen, obwohl sie zur Verfügung prinzipaler Haftstrafe nicht berechtigt sind.

setzen können, sind zu Umwandlung derselben in Haftstrafen nicht befugt. Vielmehr ist in diesem Falle die mit der Vollstreckungsklausel versehene Strafverfügung sammt dem Bericht des Vollstreckungsbeamten, welcher die Pfändung fruchtlos versucht hat, dem zuständigen Amtsgericht mit dem Antrag auf Umwandlung zu übersenden. [1]

§. 119. Wo die Polizeibehörden aber selbst zur Umwandlung befugt sind, ist folgendes Verfahren einzuschlagen. Es ist dem Verurtheilten entweder mündlich zu Protokoll oder mittelst schriftlicher Verfügung vor der Beschlußfassung über die Umwandlung Gelegenheit zu geben, schriftlich oder mündlich Anträge in Bezug auf die Umwandlung der Strafe zu stellen und zu begründen und ist ihm hierzu eine kurze Frist zu setzen (§. 494 St.P.O.). Nach Ablauf derselben wird der Umwandlungsbeschluß gefaßt, schriftlich zu den Akten gebracht und dem Verurtheilten mitgetheilt (mündlich durch Eröffnung oder schriftlich durch Zustellung — vgl. oben §§. 84a. 96 ff.). —

Auch gegen diesen Beschluß der Polizeibehörde steht dem Verurtheilten das Recht zu, die gerichtliche Entscheidung anzurufen. [2]

§. 120. Für die Umwandlung selbst und das Verhältniß der Geld- zur Haftstrafe sind die Bestimmungen des §. 29 St.G.B. maßgebend. (Vgl. hierüber überhaupt oben §. 85.) —

---

[1] Dies gilt für
1) die Gemeindevorsteher, Revierverwalter und Stationsvorsteher in S.-Weimar,
2) die Ortsvorstände in S.-Meiningen,
3) die Amtsvorsteher in S.-Altenburg,
4) die Stadtgemeindevorstände in Schw.-Rudolstadt,
5) desgl. in R.-Greiz und
6) R.-Schleiz,

welche sämmtlich nur Geldstrafen verfügen können.

[2] Dieser Beschluß muß wegen der anderweiten Straffestsetzung als eine weitere, die erste Strafverfügung abändernde Strafverfügung aufgefaßt werden. —

Zu bemerken ist insbesondere aber folgendes:

Die Haftstrafe, welche an Stelle einer uneinbringlichen Geldstrafe zu setzen ist, ist nach den Vermögensverhältnissen des Verurtheilten so, daß der Betrag von 1—15 Mark gleich einer eintägigen Freiheitsstrafe zu rechnen ist, zu bemessen. So kann sie ebensoviele Hafttage erreichen, als die Geldstrafe Mark beträgt.[1]

Häufig wird es vorkommen, daß eine Geldstrafe, welche nicht hat beigezogen werden können, nachträglich, wenn die umgewandelte Haftstrafe vollzogen werden soll, freiwillig noch entrichtet wird, um die Freiheitsstrafe zu vermeiden. Eine solche nachträgliche Annahme einer Geldstrafe ist statthaft. Der Verurtheilte kann sich durch Erlegung des Strafbetrags von der Freiheitsstrafe jeder Zeit frei machen, selbst dann, wenn er die an Stelle der Geldstrafe tretende Freiheitsstrafe schon zum Theil verbüßt hat. (§. 28 Abs. 4 St.G.B.) §. 121.

Ist in einem solchen Falle die Anzeige behufs Umwandlung der Strafe bereits an den zuständigen Amtsrichter abgegeben, so ist derselbe umgehend von der nachträglich erfolgten freiwilligen Zahlung in Kenntniß zu setzen.

Strafaufschub. §. 122.

In einigen gesetzlich bestimmten Fällen soll die Strafvollstreckung aufgeschoben werden. Die einschlägigen Bestimmungen sind folgende:

§. 487 St.P.O.

Die Vollstreckung einer Haftstrafe ist aufzuschieben, wenn der Verurtheilte in Geisteskrankheit verfällt.

Dasselbe gilt bei anderen Krankheiten, wenn von der Vollstreckung eine nahe Lebensgefahr für den Verurtheilten zu besorgen steht.

Die Strafvollstreckung kann auch dann aufgeschoben werden, wenn sich der Verurtheilte in einem körperlichen Zustande befindet, bei welchem eine sofortige Vollstreckung mit der Einrichtung der Strafanstalt unverträglich ist.

---

[1] Nur Sachsen-Meiningen beschränkt die Haftstrafe auch für diesen Fall auf 14 Tage (§. 2 d. Ges. v. 17./6. 79).

§. 488 St.P.O.

Auf Antrag des Verurtheilten kann die Vollstreckung aufgeschoben werden, sofern durch die sofortige Vollstreckung dem Verurtheilten oder der Familie desselben erhebliche außerhalb des Strafzweckes liegende Nachtheile erwachsen.

Der Strafaufschub darf den Zeitraum von 4 Monaten nicht übersteigen. — Die Bewilligung desselben kann an eine Sicherheitsleistung oder andere Bedingungen geknüpft werden. —

§. 123. Verjährung des Strafvollzugs.

Die Vollstreckung rechtskräftig verfügter Strafen verjährt in zwei Jahren. Die Verjährung beginnt mit dem Tage, an dem das Urtheil rechtskräftig geworden ist.

Jede auf Vollstreckung der Strafe gerichtete Handlung der Vollzugsbehörden unterbricht die Verjährung.

Nach der Unterbrechung der Vollstreckung der Strafe beginnt eine neue Verjährung. (§§. 70—72 St.G.B.)

§. 124. Requisition um Strafvollzug, wenn der Verurtheilte in einem anderen Staate wohnt.

Das Verfahren bei Erlaß der Strafverfügungen und beim Vollzug der festgestellten Strafen ist durch Landesgesetz in den einzelnen deutschen Staaten in besonderer Weise geordnet; die betr. landesgesetzlichen Vorschriften sind daher nicht ohne Weiteres auch anwendbar beim Vollzug festgestellter Strafen, wenn der Verurtheilte in einem andern Staate wohnt.

In solchen Fällen sind die Akten an den für die erkennende Polizeibehörde zuständigen Amtsanwalt mit dem Ersuchen abzugeben, den Strafvollzug zu vermitteln.

Die Gerichte genügen nur dem Ersuchen der Gerichte, Staatsanwaltschaften und Gerichtsschreiber (§. 162 G.V.G.), nicht aber dem der Polizeibehörden. Diese können sich daher nicht direct an die Gerichte wenden.[1]

[1] Kgr. Sachsen, V.O. v. 1./9. 79, Behandlung der auf Zwangsvollstreckung wegen Geldleistungen in Verwaltungssachen gerichteten Requisitionen außersächsischer Behörden betreffend. —

X. Kosten.

§§. 125—126.

Kosten der Strafverfügungen. §. 125.

Das Verfahren ist regelmäßig ein kostenfreies, ohne Ansetzung von Sporteln und Gebühren.[1]

Baare Verläge sind jedoch zu ersetzen.[2]

Die zulässigen Kosten sind vom Verurtheilten jedoch nur dann beizuziehen, wenn die Strafe endgültig gegen ihn festgesetzt ist, also nicht, wenn er sich auf gerichtliche Entscheidung beruft.

Kosten der Zwangsvollstreckung. §. 126.

Die Kosten der Zwangsvollstreckung treffen den Verurtheilten in jedem Falle.

---

[1] Kosten werden berechnet in:

Württemberg. Das Ges. v. 12./8. 79 Art. 25 will über „etwa erwachsene Kosten" nach Maßgabe der §§. 494 St.P.O. der Strafverfügung mit entschieden haben. Darunter sind wohl die etwaigen baaren Verläge zu verstehen. —

Baden, §. 129 Einf.-Gesetzes,

Mecklenburg-Schwerin u. -Strelitz, §§. 33—35 nach Maßgabe der Bestimmung der St.P.O. §§. 496—499 und 505. Sie fallen dem Beschuldigten zur Last, sind sie nicht beizutreiben, der Polizeibehörde.

Sachsen-Altenburg, §. 10 d. Ges. v. 8./5. 79 (wenn die Strafverfügung vollstreckbar wird), ebenso

Sachsen-Coburg, Ges. v. 7./4. 79 §. 11 und

Reuß-Schleiz, §. 13 d. Ges. v. 22./2.: ein Zehntel des Satzes des §. 62 Gerichtskostenges. (sofern die Strafverfügung vollstreckbar wird oder auf erhobenen Einspruch vom Amtsgericht auf die festgesetzte oder eine höhere Strafe erkannt wird).

Reuß-Greiz, §. 12 d. Ges. v. 20. 9. 79, mindestens 50 Pf. (unter derselben Voraussetzung, wie Reuß-Schleiz).

[2] Preußen, Reglem. §. 23. Sachsen, Ges. v. 8./3. 79 §. 4. Oldenburg, Ges. v. 25./3. 79 Art. 6. Nach Sachsen-Weimar, Ges. v. 12./4. 79 §. 14, und Schw.-Rudolstadt, Ges. v. 28./3. 79 §. 18 gehören Schreib- und Postgebühren nicht zu den baaren Verlägen. Schw.-Sondershausen, Ges. v. 17./5. 79 §. 11. S.-Meiningen, Ges. v. 17./6. 79 §. 2 (ohne Anrechnung von Sporteln).

Insbesondere gilt dies auch da, wo der Vollzug der Haftstrafen durch die Amtsgerichte erfolgen soll, von den Kosten einer auf Ersuchen der Polizeibehörde in den Localen der Amtsgerichte vollstreckten Haftstrafe.

Wenn der Beschuldigte unvermögend und zur Erstattung der Kosten außer Stande ist, so hat die Polizeibehörde die Kosten als Theil der Polizeiverwaltung dem betr. Amtsgericht zu erstatten.[1]

In denjenigen Staaten (§. 115 oben), welche auch die Haftstrafe auf administrativem Wege vollstrecken, ist diese Frage ohne Belang.

[1] So ausdrücklich:
Mecklenburg, V.O. v. 28./5. 79 §§. 34 und 35.
Schw.-Sondershausen, Ges. v. 17./5. 79 §. 6. —
In S.-Meiningen erfolgt der Vollzug der Haftstrafen auf Kosten des Staats durch die Amtsgerichte, obwohl die Geldstrafen in die Gemeindekassen fließen (Landtagsverh. S. 1713—1719).

Anlage A.

Strafbestimmungen des Strafgesetzbuchs
(Abschnitt 29).

§. 360.

Mit Geldstrafe bis zu einhundertfünfzig Mark oder mit Haft wird bestraft:

1. wer ohne besondere Erlaubniß Risse von Festungen oder einzelnen Festungswerken aufnimmt oder veröffentlicht;

2. wer außerhalb seines Gewerbebetriebes heimlich oder wider das Verbot der Behörde Vorräthe von Waffen oder Schießbedarf aufsammelt;

3. wer als beurlaubter Reservist oder Wehrmann der Land- oder Seewehr ohne Erlaubniß auswandert, ebenso wer als Ersatzreservist erster Classe auswandert, ohne von seiner bevorstehenden Auswanderung der Militärbehörde Anzeige erstattet zu haben;

4. wer ohne schriftlichen Auftrag einer Behörde Stempel, Siegel, Stiche, Platten oder andere Formen, welche zur Anfertigung von Metall- oder Papiergeld, oder von solchen Papieren, welche nach §. 149 dem Papiergelde gleich geachtet werden, oder von Stempelpapier, Stempelmarken, Stempelblanketten, Stempelabdrücken, öffentlichen Bescheinigungen oder Beglaubigungen dienen können, anfertigt oder an einen anderen als die Behörde verabfolgt;

5. wer ohne schriftlichen Auftrag einer Behörde den Abdruck der in Nr. 4 genannten Stempel, Siegel, Stiche, Platten oder Formen, oder einen Druck vou Formularen zu den daselbst bezeichneten öffentlichen Papieren, Beglaubigungen oder Bescheinigungen unternimmt, oder Abdrücke an einen anderen, als die Behörde verabfolgt;

6. wer Waarenempfehlungskarten, Ankündigungen, oder andere Drucksachen oder Abbildungen, welche in der Form oder Verzierung dem Papiergelde oder den dem Papiergelde nach §. 149 gleich geachteten Papieren ähnlich sind, anfertigt oder verbreitet, oder wer Stempel, Stiche,

Platten und andere Formen, welche zur Anfertigung von solchen Drucksachen oder Abbildungen dienen können, anfertigt;

7. wer unbefugt die Abbildung des Kaiserlichen Wappens oder von Wappen eines Bundesfürsten oder von Landeswappen gebraucht;

8 wer unbefugt eine Uniform, eine Amtskleidung, einen Orden oder ein Ehrenzeichen trägt oder Titel, Würden oder Adelsprädicate annimmt, ingleichen wer sich eines ihm nicht zukommenden Namens einem zuständigen Beamten gegenüber bedient;

9. wer gesetzlichen Bestimmungen zuwider ohne Genehmigung der Staatsbehörde Aussteuer-, Sterbe- oder Wittwencassen, Versicherungsanstalten oder andere dergleichen Gesellschaften errichtet, welche bestimmt sind, gegen Zahlung eines Einkaufsgeldes oder gegen Leistung von Geldbeiträgen beim Eintritte gewisser Bedingungen oder Fristen, Zahlungen an Capital oder Rente zu leisten;

10. wer bei Unglücksfällen oder gemeiner Gefahr oder Noth von der Polizeibehörde oder deren Stellvertreter zur Hülfe aufgefordert, keine Folge leistet, obgleich er der Aufforderung ohne erhebliche eigene Gefahr genügen konnte;

11. wer ungebührlicherweise ruhestörenden Lärm erregt oder wer groben Unfug verübt;

12. wer als Pfandleiher oder Rückkaufshändler bei Ausübung seines Gewerbes den darüber erlassenen Anordnungen zuwiderhandelt;

11. wer öffentlich oder in Aergerniß erregender Weise Thiere boshaft quält oder roh mißhandelt;

15. wer unbefugt auf einem öffentlichen Wege, einer Straße, einem öffentlichen Platze oder in einem öffentlichen Versammlungsorte Glückspiele hält.

In den Fällen der Nummern 1, 2, 4, 5, 6 und 14 kann neben der Geldstrafe oder der Haft auf Einziehung der Risse von Festungen oder Festungswerken, der Vorräthe von Waffen oder Schießbedarf, der Stempel, Siegel, Stiche, Platten oder anderen Formen, der Abdrücke oder Abbildungen oder der auf dem Spieltische oder in der Bank befindlichen Gelder erkannt werden, ohne Unterschied, ob sie dem Verurtheilten gehören oder nicht.

§. 361.

Mit Haft wird bestraft:

1. wer, nachdem er unter Polizeiaufsicht gestellt worden ist, den infolge derselben ihm auferlegten Beschränkungen zuwiderhandelt;

Zu §. 360 Nr. 10. Strandungsordnung v. 17. Mai 1874 (R.G.Bl. S. 73) §. 9.

Zu §. 360 Nr. 12. Gewerbeordnung v. 21. Juni 1869 §§. 35. 38; Gesetz betr. die Abänderung der Gewerbeordnung v. 23. Juli 1879 (R.G.Bl. 1879 S. 267) Art. 4.

Zu §. 361. Vgl. St.G.B. §§. 38 u. 39.

2. wer, nachdem er des Bundesgebietes oder des Gebietes eines Bundesstaates verwiesen ist, ohne Erlaubnis zurückkehrt;

3. wer als Landstreicher umherzieht;

4. wer bettelt oder Kinder zum Betteln anleitet oder ausschickt, oder Personen, welche seiner Gewalt und Aufsicht untergeben sind und zu seiner Hausgenossenschaft gehören, vom Betteln abzuhalten unterläßt;

5. wer sich dem Spiel, Trunk oder Müßiggang dergestalt hingiebt, daß er in einem Zustand geräth, in welchem zu seinem Unterhalte oder zum Unterhalte derjenigen, zu deren Ernährung er verpflichtet ist, durch Vermittelung der Behörde fremde Hülfe in Anspruch genommen werden muß;

6. eine Weibsperson, welche wegen gewerbsmäßiger Unzucht einer polizeilichen Aufsicht unterstellt ist, wenn sie den in dieser Hinsicht zur Sicherung der Gesundheit, der öffentlichen Ordnung und des öffentlichen Anstandes erlassenen polizeilichen Vorschriften zuwiderhandelt, oder welche, ohne einer solchen Aufsicht unterstellt zu sein, gewerbsmäßig Unzucht treibt;

7. wer, wenn er aus öffentlichen Armenmitteln eine Unterstützung empfängt, sich aus Arbeitsscheu weigert, die ihm von der Behörde angewiesene, seinen Kräften angemessene Arbeit zu verrichten;

8. wer nach Verlust seines bisherigen Unterkommens binnen der ihm von der zuständigen Behörde bestimmten Frist sich kein anderweitiges Unterkommen verschafft und auch nicht nachweisen kann, daß er solches der von ihm angewandten Bemühungen ungeachtet nicht vermocht habe;

9. wer Kinder oder andere unter seiner Gewalt stehende Personen, welche seiner Aufsicht untergeben sind und zu seiner Hausgenossenschaft gehören, von der Begehung von Diebstählen, sowie von der Begehung strafbarer Verletzungen der Zoll- oder Steuergesetze, oder der Gesetze zum Schutze der Forsten, der Feldfrüchte, der Jagd oder der Fischerei abzuhalten unterläßt. Die Vorschriften dieser Gesetze über die Haftbarkeit für die den Thäter treffenden Geldstrafen oder anderen Geldleistungen werden hierdurch nicht berührt.

In den Fällen der Nr. 9 kann statt der Haft auf Geldstrafe bis zu einhundertfünfzig Mark erkannt werden.

§. 362.

Die nach Vorschrift des §. 361 Nr. 3 bis 8 Verurtheilten können zu Arbeiten, welche ihren Fähigkeiten und Verhältnissen angemessen sind, innerhalb und, sofern sie von anderen freien Arbeitern getrennt gehalten werden, auch außerhalb der Strafanstalt angehalten werden.

Bei der Verurtheilung zur Haft kann zugleich erkannt werden, daß

Zu §. 362. Dieser Paragraph ist für die Polizeibehörden nicht anwendbar.

die verurtheilte Person nach verbüßter Strafe der Landesbehörde zu überweisen sei. Die Landespolizeibehörde erhält dadurch die Befugniß, die verurtheilte Person entweder bis zu zwei Jahren in ein Arbeitshaus unterzubringen oder zu gemeinnützigen Arbeiten zu verwenden.

Im Falle des §. 361 Nr. 4 ist dieses jedoch nur dann zulässig, wenn der Verurtheilte in den letzten drei Jahren wegen dieser Uebertretung mehrmals rechtskräftig verurtheilt worden ist, oder wenn derselbe unter Drohungen oder mit Waffen gebettelt hat.

Ist gegen Ausländer auf Ueberweisung an die Landespolizeibehörde erkannt, so kann an Stelle der Unterbringung in ein Arbeitshaus Verweisung aus dem Bundesgebiete eintreten.

§. 363.

Wer, um Behörden oder Privatpersonen zum Zwecke seines besseren Fortkommens oder des besseren Fortkommens eines Anderen zu täuschen, Pässe, Militärabschiede, Wanderbücher oder sonstige Legitimationspapiere, Dienst- oder Arbeitsbücher oder sonstige auf Grund besonderer Vorschriften auszustellende Zeugnisse, sowie Führungs- oder Fähigkeitszeugnisse falsch anfertigt oder verfälscht, oder wissentlich von einer solchen falschen oder verfälschten Urkunde Gebrauch macht, wird mit Haft oder mit Geldstrafe bis zu einhundertfünfzig Mark bestraft.

Gleiche Strafe trifft denjenigen, welcher zu demselben Zwecke von solchen für einen Anderen ausgestellten echten Urkunden, als ob sie für ihn ausgestellt seien, Gebrauch macht, oder welcher solche für ihn ausgestellte Urkunden einem Anderen zu dem gedachten Zwecke überläßt.

§. 364.

Mit Geldstrafe bis zu einhundertfünfzig Mark wird bestraft, wer wissentlich schon einmal verwendetes Stempelpapier nach gänzlicher oder teilweiser Entfernung der darauf gesetzten Schriftzeichen oder schon einmal verwendete Stempelmarken, Stempelblankette oder ausgeschnittene oder sonst abgetrennte Stempelabdrücke der in §. 276 bezeichneten Art veräußert oder feilhält.

§. 365.

Wer in einer Schankstube oder an einem öffentlichen Vergnügungsorte über die gebotene Polizeistunde hinaus verweilt, ungeachtet der Wirth, sein Vertreter oder ein Polizeibeamter ihn zum Fortgehen aufgefordert hat, wird mit Geldstrafe bis zu fünfzehn Mark bestraft.

Der Wirth, welcher das Verweilen seiner Gäste über die gebotene Polizeistunde hinaus duldet, wird mit Geldstrafe bis zu sechzig Mark oder mit Haft bis zu vierzehn Tagen bestraft.

§. 366.

Mit Geldstrafe bis zu sechzig Mark oder mit Haft bis zu vierzehn Tagen wird bestraft:

1. wer den gegen die Störung der Feier der Sonn- und Festtage erlassenen Anordnungen zuwiderhandelt;

2. wer in Städten oder Dörfern übermäßig schnell fährt oder reitet oder auf öffentlichen Straßen oder Plätzen der Städte oder Dörfer mit gemeiner Gefahr Pferde einfährt oder zureitet;

3. wer auf öffentlichen Wegen, Straßen, Plätzen oder Wasserstraßen das Vorbeifahren Anderer muthwillig verhindert;

4. wer in Städten mit Schlitten ohne feste Deichsel oder ohne Geläute oder Schelle fährt;

5. wer Thiere in Städten oder Dörfern, auf öffentlichen Wegen, Straßen oder Plätzen, oder an anderen Orten, wo sie durch Ausreißen, Schlagen oder auf andere Weise Schaden anrichten können, mit Vernachlässigung der erforderlichen Sicherheitsmaßregeln stehen läßt oder führt;

6. wer Hunde auf Menschen hetzt;

7. wer Steine oder andere harte Körper oder Unrath auf Menschen, auf Pferde oder andere Zug- oder Lastthiere, gegen fremde Häuser, Gebäude oder Einschließungen, oder in Gärten oder in eingeschlossene Räume wirft;

8. wer nach einer öffentlichen Straße oder Wasserstraße, oder nach Orten hinaus, wo Menschen zu verkehren pflegen, Sachen, durch deren Umstürzen oder Herabfallen jemand beschädigt werden kann, ohne gehörige Befestigung aufstellt, oder aufhängt, oder Sachen auf eine Weise ausgießt oder auswirft, daß dadurch jemand beschädigt oder verunreinigt werden kann;

9. wer auf öffentlichen Wegen, Straßen, Plätzen oder Wasserstraßen Gegenstände, durch welche der freie Verkehr gehindert wird, aufstellt, hinlegt oder liegen läßt;

10. wer die zur Erhaltung der Sicherheit, Bequemlichkeit, Reinlichkeit und Ruhe auf den öffentlichen Wegen, Straßen, Plätzen oder Wasserstraßen erlassenen Polizeiverordnungen übertritt.

§. 366a.

Wer die zum Schutze der Dünen und der Fluß- und Meeresufer, sowie der auf denselben vorhandenen Anpflanzungen und Anlagen erlassenen Polizeiverordnungen übertritt, wird mit Geldstrafe bis zu einhundertfünfzig Mark oder mit Haft bestraft.

§. 367.

Mit Geldstrafe bis zu einhundertfünzig Mark oder mit Haft wird bestraft:

1. wer ohne Vorwissen der Behörde einen Leichnam beerdigt oder wer unbefugt einen Theil einer Leiche aus dem Gewahrsam der dazu berechtigten Personen wegnimmt.

2. wer den polizeilichen Anord-

Zu §. 367 Nr. 1. u. 2. Gesetz über die Beurkundung des Personenstandes und die Eheschließung vom 6. Februar 1875 §. 60. — St.P.O. §. 157.

nungen über vorzeitige Beerdigung entgegenhandelt;

3. wer ohne polizeiliche Erlaubnis Gift oder Arzeneien, soweit der Handel mit denselben nicht freigegeben ist, zubereitet, feilhält, verkauft oder sonst an Andere überläßt;

4. wer ohne die vorgeschriebene Erlaubniß Schießpulver oder andere explodirende Stoffe oder Feuerwerke zubereitet;

5. wer bei der Aufbewahrung oder bei der Beförderung von Giftwaaren, Schießpulver oder Feuerwerken, oder bei der Aufbewahrung, Beförderung, Verausgabung oder Verwendung von Sprengstoffen oder anderen explodirenden Stoffen, oder bei Ausübung der Befugniß zur Zubereitung oder Feilhaltung dieser Gegenstände, sowie der Arzeneien die deshalb ergangenen Verordnungen nicht befolgt;

6. wer Waaren, Materialien oder andere Vorräthe, welche sich leicht von selbst entzünden oder leicht Feuer fangen, an Orten oder in Behältnissen aufbewahrt, wo ihre Entzündung gefährlich werden kann, oder wer Stoffe, die nicht ohne Gefahr einer Entzündung bei einander liegen können, ohne Absonderung aufbewahrt;

7. wer verfälschte oder verdorbene Getränke oder Eßwaaren, insbesondere trichinenhaltiges Fleisch feilhält oder verkauft;

8. wer ohne polizeiliche Erlaubniß an bewohnten oder von Menschen besuchten Orten Selbstgeschosse, Schlageisen oder Fußangeln legt, oder an solchen Orten mit Feuergewehr oder anderem Schießwerk-

---

Zu §. 367 Nr. 3. Gewerbeordnung vom 21. Juni 1869 §§. 6. 29. 34. 53. 56 Nr. 5. 80. 144. 147 Nr. 1. — V.O. vom 4. Jan. 1875 betr. den Verkehr mit Arzneimitteln (R.G.Bl. 1875 S. 5). — Gesetz betr. die Abänderung einiger Bestimmungen der Gewerbeordnung vom 23. Juli 1879 (R.G.Bl. 1879 S. 267) Art. 1.

Zu §. 367 Nr. 4 bis 6. Gewerbe-Ordnung vom 21. Juni 1869 §§. 16. 147 Nr. 2. Bekanntmachung betr. des Betriebs-Reglement für die Eisenbahnen Deutschlands vom 11. Mai 1874 (Centralblatt für das deutsche Reich 1874 Nr. 21) §. 22 Abs. 3—5 und §. 48.

Bekanntmachung betr. die Bahnordnung für Deutschlands Eisenbahnen untergeordneter Bedeutung vom 12. Juni 1878 (Centralblatt für das deutsche Reich 1878 Nr. 24) §. 45.

Zu §. 367 Nr. 7. St.G.B. §§. 263. 324. 326.

Ueber den Gegenstand des § 367 Nr. 7 trifft das Gesetz betr. den Verkehr mit Nahrungsmitteln, Genußmitteln und Gebrauchsgegenständen vom 14. Mai 1879 §§. 10 ff. (R.G.Bl. 1879 S. 145) so weitgreifende Bestimmungen, daß für die Anwendbarkeit der Nr. 7 nur ein sehr geringer Spielraum bleibt. (Oppenhoff, St.B.G., VII. Aufl. S. 806.)

zeuge schießt, oder Feuerwerkskörper abbrennt;

9. wer einem gesetzlichen Verbote zuwider Stoß-, Hieb- oder Schußwaffen, welche in Stöcken oder Röhren oder in ähnlicher Weise verborgen sind, feilhält oder mit sich führt;

10. wer bei einer Schlägerei, in welche er nicht ohne sein Verschulden hineingezogen worden ist, oder bei einem Angriff sich einer Waffe, insbesondere eines Messers oder eines anderen gefährlichen Werkzeuges bedient;

11. wer ohne polizeiliche Erlaubniß gefährliche wilde Thiere hält, oder wilde oder bösartige Thiere frei umherlaufen läßt, oder in Ansehung ihrer die erforderlichen Vorsichtsmaßregeln zur Verhütung von Beschädigungen unterläßt;

12. wer auf öffentlichen Straßen, Wegen oder Plätzen, auf Höfen, in Häusern und überhaupt an Orten, an welchen Menschen verkehren, Brunnen, Keller, Gruben, Oeffnungen oder Abhänge dergestalt unverdeckt oder unverwahrt läßt, daß daraus Gefahr für andere entstehen kann;

19. wer trotz der polizeilichen Aufforderung es unterläßt, Gebäude, welche den Einsturz drohen, auszubessern oder niederzureißen;

14. wer Bauten oder Ausbesserungen von Gebäuden, Brunnen, Brücken, Schleusen oder anderen Bauwerken vornimmt, ohne die von der Polizei angeordneten oder sonst erforderlichen Sicherungsmaßregeln zu treffen;

15. wer als Bauherr, Baumeister oder Bauhandwerker einen Bau oder eine Ausbesserung, wozu die polizeiliche Genehmigung erforderlich ist, ohne diese Genehmigung oder mit eigenmächtiger Abweichung von dem durch die Behörde genehmigten Bauplan ausführt oder ausführen läßt.

In den Fällen der Nr. 7 bis 9 kann neben der Geldstrafe oder der Haft auf die Einziehung der verfälschten oder verdorbenen Getränke oder Eßwaaren, ingleichen der Selbstgeschosse, Schlageisen oder Fußangeln, sowie der verbotenen Waffen erkannt werden, ohne Unterschied, ob sie dem Verurtheilten gehören oder nicht.

§. 368.

Mit Geldstrafe bis zu sechzig Mark oder mit Haft bis zu vierzehn Tagen wird bestraft:

Zu §. 367 Nr. 14, 15. Es kann ideelle Concurrenz dieser Bestimmung mit dem Gesetz betr. die Abänderung der Gewerbe-Ordnung vom 17. Juli 1878 Art. II. 2. Nr. 2 (R.G.Bl. 1878 S. 199) eintreten. Da diese Zuwiderhandlungen mit einer Geldstrafe bis zu 300 M. bedroht sind, also in die Kategorie der Vergehen fallen und der polizeilichen Strafverfügung nicht unterliegen, so empfiehlt es sich, in solchen Fällen, in denen eine Concurrenz möglich ist, von der Befugniß der polizeilichen Straffestsetzung keinen Gebrauch zu machen. —

1. wer den polizeilichen Anordnungen über die Schließung der Weinberge zuwiderhandelt;

2. wer das durch gesetzliche oder polizeiliche Anordnungen gebotene Raupen unterläßt;

3. wer ohne polizeiliche Erlaubniß eine neue Feuerstätte errichtet oder eine bereits vorhandene an einen anderen Ort verlegt;

4. wer es unterläßt, dafür zu sorgen, daß die Feuerstätten in seinem Hause in baulichem und brandsicherem Zustande unterhalten, oder daß die Schornsteine zur rechten Zeit gereinigt werden;

5. wer Scheunen, Ställe, Böden oder andere Räume, welche zur Aufbewahrung feuerfangender Sachen dienen, mit unverwahrtem Feuer oder Licht betritt, oder sich derselben mit unverwahrtem Feuer oder Licht nähert;

6. wer an gefährlichen Stellen in Wäldern oder Haiden oder in gefährlicher Nähe von Gebäuden oder feuerfangenden Sachen Feuer anzündet;

7. wer in gefährlicher Nähe von Gebäuden oder feuerfangenden Sachen mit Feuergewehr schießt oder Feuerwerke abbrennt;

8. wer die polizeilich vorgeschriebenen Feuerlöschgerätschaften überhaupt nicht oder nicht in brauchbarem Zustande hält oder andere feuerpolizeiliche Anordnungen nicht befolgt;

9. wer unbefugt über Gärten, oder Weinberge, oder vor beendeter Ernte über Wiesen oder bestellte Aecker Wiesen, Weiden oder Schonungen, welche mit einer Einfriedigung versehen sind, oder deren Betreten durch Warnungszeichen untersagt ist, oder auf einem durch Warnungszeichen geschlossenen Privatwege geht, fährt, reitet oder Vieh treibt;

10. wer ohne Genehmigung des Jagdberechtigten oder ohne sonstige Befugniß auf einem fremden Jagdgebiete außerhalb des öffentlichen, zum gemeinen Gebrauche bestimmten Weges, wenn auch nicht jagend, doch zur Jagd ausgerüstet, betroffen wird;

11. wer unbefugt Eier oder Junge von jagdbarem Federwild oder von Singvögeln ausnimmt.

§. 369.

Mit Geldstrafe bis zu einhundert Mark oder mit Haft bis zu vier Wochen werden bestraft:

1. Schlosser, welche ohne obrigkeitliche Anweisung oder ohne Genehmigung des Inhabers einer Wohnung Schlüssel zu Zimmern oder Behältnissen in der letzteren anfertigen oder Schlösser an denselben öffnen, ohne Genehmigung des Hausbesitzers oder seines Stellvertreters Haus-Schlüssel anfertigen, oder ohne Erlaubnis der Polizeibehörde Nachschlüssel oder Dietriche verabfolgen;

2. Gewerbetreibende, bei denen

Zu §. 368 Nr. 2. Vgl. die reichsgesetzlichen Vorschriften über die Maß- und Gewichtspolizei, zusammengestellt bei Rüdorff, St.G.B. für das deutsche Reich, Textausgabe mit Anmerkungen, 10. Aufl. Berlin 1879, S. 162, 204 Nr. 10.

zum Gebrauch in ihrem Gewerbe geeignete, mit dem gesetzlichen Eichungsstempel nicht versehene oder unrichtige Maße, Gewichte oder Wagen vorgefunden werden, oder welche sich einer anderen Verletzung der Vorschriften über die Maß- und Gewichtspolizei schuldig machen;

3. Gewerbetreibende, welche in Feuer arbeiten, wenn sie die Vorschriften nicht befolgen, welche von der Polizeibehörde wegen Anlegung und Verwahrung ihrer Feuerstätten, sowie wegen der Art und der Zeit, sich des Feuers zu bedienen, erlassen sind.

Im Falle Nr. 2 ist neben der der Geldstrafe oder der Haft auf die Einziehung der vorschriftswidrigen Maße, Gewichte, Wagen oder sonstigen Maßwerkzeuge zu erkennen.

§. 370.

Mit Geldstrafe bis zu einhundertfünfzig Mark oder mit Haft wird bestraft:

1. wer unbefugt ein fremdes Grundstück, einen öffentlichen oder Privatweg oder einen Grenzrain durch Abgraben oder Abpflügen verringert;

2. wer unbefugt von öffentlichen oder Privatwegen Erde, Steine oder Rasen, oder aus Grundstücken, welche einem anderen gehören, Erde, Lehm, Sand, Grand oder Morgel gräbt, Plaggen oder Bülten haut, Rasen, Steine, Mineralien, zu deren Gewinnung es einer Verleihung, einer Concession oder einer Erlaubniß der Behörde nicht bedarf, oder ähnliche Gegenstände wegnimmt;

3. wer von einem zum Dienststande gehörenden Unterofficier oder Gemeinen des Heeres oder der Marine ohne die schriftliche Erlaubniß des vorgesetzten Commandeurs, Montirungs- oder Armaturstücke kauft oder zum Pfande nimmt;

4. wer unberechtigt fischt oder krebst;

5. wer Nahrungs- oder Genußmittel von unbedeutendem Werthe oder in geringer Menge zum alsbaldigen Gebrauche entwendet.

Eine Entwendung, welche von Verwandten aufsteigender Linie gegen Verwandte absteigender Linie oder von einem Ehegatten gegen den anderen begangen worden ist, bleibt straflos;

6. wer Getreide oder andere zur Fütterung des Viehes bestimmte oder geeignete Gegenstände wider Willen des Eigenthümers wegnimmt, um dessen Vieh damit zu füttern.

In den Fällen der Nr. 5 und 6 tritt die Verfolgung nur auf Antrag ein. Die Zurücknahme des Antrages ist zulässig. —

Anlage B.

Strafbestimmungen der übrigen Reichsgesetze.

1. Ausführungsverordnung zum Bundesgesetz vom 1. November 1867 über die Freizügigkeit vom 10. Januar 1868 §. 3, Zusatzverordnung vom 10. Juli 1873.

2. Gewerbeordnung vom 21. Juni 1869 (B.G.B. 1869 S. 245) Tit. X §§. 143—153. Dazu: Gesetz betr. die Einführung der Gewerbeordnung in Bayern und die Abänderung einiger Strafbestimmungen der Gewerbeordnung vom 12. Juni 1872 (R.G.Bl. 1872 S. 170) §. 2.

Gesetz betr. Abänderung der Gewerbeordnung vom 17. Juli 1878 (R.G.Bl. 1878 S. 199) art. 2. —

Gesetz über die eingeschriebenen Hülfscassen vom 7. April 1876 (R.G.Bl. 1876 S. 125).

Gesetz betr. die Abänderung einiger Bestimmungen der Gewerbeordnung vom 23. Juli 1879 (R.G.B. 1879 S. 267).

Die Zuständigkeit der Polizeibehörden fällt in Betreff der §§. 146 und 147 (Fassung des Gesetzes vom 17. Juli 1878 Art. 2 Nr. 1 und 2 und 153) der Gewerbeordnung weg, da die in diesen Paragraphen mit Strafe bedrohten Handlungen Vergehen sind. Dagegen ist die Zuständigkeit der Polizeibehörden in betreff der §§. 148—150 (Fassung des Gesetzes vom 17. Juli 1878 Art. 2 Nr. 3—7) unverändert geblieben.

4. Impfgesetz vom 8. April 1874 (R.G.Bl. 1874 S. 30) §§. 14 und 15.

4. Strandungsordnung vom 17. Mai 1874 (R.G.Bl. 1874 S. 73) §. 43.

5. Gesetz über die Beurkundung des Personenstandes und der Eheschließung vom 6. Februar 1875 (R.G.Bl. 1875 S. 23) §. 68. Abs. 1.

Anlage C.

Strafbestimmungen der Landesgesetze:

I. Königreich Preußen.

1) Gesetz
über die vorläufige Straffestsetzung wegen Uebertretungen vom 14. Mai 1852.

Wir Friedrich Wilhelm von Gottes Gnaden, König von Preußen rc. rc. verordnen, mit Zustimmung der Kammern, was folgt:

§. 1.

Wer die Polizeiverwaltung in einem bestimmten Bezirk auszuüben hat, ist befugt, wegen der in diesem Bezirke verübten, sein Ressort betreffenden Uebertretungen die Strafe vorläufig durch Verfügung festzusetzen. Wird Geldbuße festgesetzt, so ist zugleich die für den Fall des Unvermögens des Verurtheilten in Gemäßheit [§. 335] des Strafgesetzbuches an die Stelle der Geldbuße tretende [Gefängnißstrafe] zu bestimmen.

Die vorläufig festzusetzende Strafe darf [fünf Thaler] Geldbuße oder dreitägiges [Gefängniß] nicht überschreiten. Erachtet der Polizeiverwalter eine höhere Strafe für gerechtfertigt, so muß die Verfolgung dem Polizeianwalte überlassen werden.

§. 2.

In der §. 1 gedachten Verfügung muß angegeben sein:[1]

a) die Beschaffenheit der Uebertretung, sowie die Zeit und der Ort ihrer Verübung;
b) die Straffestsetzung unter Anführung der Strafvorschrift, auf welche dieselbe sich gründet;
c) die Bedeutung, daß der Angeschuldigte, wenn er sich durch die Straffestsetzung beschwert findet, innerhalb einer [zehntägigen]

[1] Vgl. Bek. vom 15./9. 1879 II.

Frist, vom Tage der Insinuation derselben an, bei dem Polizeiverwalter, dem Polizeirichter oder dem Polizeianwalte schriftlich oder zu Protokoll auf gerichtliche Entscheidung antragen könne, daß aber, falls in dieser Frist ein solcher Antrag nicht erfolge, die Strafverfügung gegen ihn vollstreckbar würde;

d) die Kasse, an welche die Geldbuße gezahlt werden soll.

§. 3.

Diese Verfügung ist unter Beobachtung der für gerichtliche Insinuationen vorgeschriebenen Formen, wobei vereidete Verwaltungsbeamte den Glauben der Gerichtsboten haben, den Angeschuldigten zu insinuiren.

§. 4.

Für dieses Verfahren sind weder Stempel noch Gebühren anzusetzen; die baaren Auslagen aber fallen dem Angeschuldigten in allen Fällen zur Last, in welchen endgültig eine Strafe gegen ihn festgesetzt wird.

§. 5.

Gegen eine solche Strafverfügung (§. 1) findet die Beschwerde bei der vorgesetzten Behörde nicht Statt; es steht aber dem Angeschuldigten frei, innerhalb [zehn Tage], vom Tage der Insinuation der Verfügung an, bei dem Polizeiverwalter, dem Polizeirichter oder dem Polizeianwalte auf gerichtliche Entscheidung anzutragen. Ist dieser Antrag bei dem Polizeirichter oder bei dem Polizeianwalte gemacht worden, so haben diese hiervon den Polizeiverwalter, welcher die Strafverfügung erlassen hat, zu benachrichtigen. Dem Antragenden muß eine Bescheinigung über die erfolgte Anmeldung kostenfrei ertheilt werden.

§. 6.

Erfolgt ein solcher Antrag (§. 5) innerhalb der [zehntägigen] Frist, so tritt dadurch die Straffestsetzung außer Kraft. Die Sache wird alsdann dem Polizeirichter vorgelegt, welcher, ohne daß es der Einreichung einer Anklageschrift bedarf und ohne vorgängigen Beschluß über die Eröffnung der Untersuchung, einen Termin zur Verhandlung ansetzt. Die Erlassung eines Mandats findet nicht Statt.

Im Uebrigen kommt das bei Uebertretungen vorgeschriebene Verfahren zur Anwendung. Der Richter ist befugt, auch auf eine andere Strafe zu erkennen, als in der Strafverfügung bestimmt war.

§. 7.

Wenn innerhalb der [zehntägigen] Frist kein Antrag auf gerichtliche Entscheidung (§. 5) erfolgt, so ist die Strafe zu vollstrecken.

§. 8.

Ist die Strafverfügung des Polizeiverwalters vollstreckbar geworden, so findet wegen der nämlichen Handlung eine fernere Anschuldigung nicht Statt, es sei denn, daß die Handlung keine Uebertretung, sondern ein Vergehen oder Verbrechen darstellt, und daher der Polizeiverwalter seine Competenz überschritten hat.

§. 9.

Durch Erlaß der polizeilichen Strafverfügung wird die Verjährung der Uebertretung unterbrochen. [§. 339 des Strafgesetzbuches.] Ist der Polizeianwalt eingeschritten, bevor die vorläufige Strafverfügung dem Angeschuldigten insinuirt worden, so ist die letztere wirkungslos.

§. 10.

In Betreff der von Militärpersonen begangen Uebertretungen behält es bei den Bestimmungen der [§§. 3 und 269 Th. II] des Strafgesetzbuchs für das Heer das Bewenden.

§. 11.

Insoweit wegen Zuwiderhandlungen gegen die Vorschriften über die Erhebung öffentlicher Abgaben und Gefälle, insbesondere der Steuern, Zölle, Postgefälle und Kommunikations-Abgaben, ein administratives Strafverfahren vorgeschrieben ist, finden die Bestimmungen des gegenwärtigen Gesetzes auf dergleichen Zuwiderhandlungen keine Anwendung.

§. 12.

Unsere Minister der Justiz und des Innern haben die zur Ausführung dieses Gesetzes erforderlichen reglementarischen Bestimmungen zu erlassen.

Urkundlich ꝛc.

Bellevue, den 14. Mai 1852.

(LS.)

Friedrich Wilhelm.

2) Reglement
vom 30. September 1852.

§. 1.

Ueber die vorläufige Straffestsetzung wegen Uebertretungen ist eine Strafliste nach dem beiliegenden Formular I mit für jedes Kalenderjahr fortlaufenden Nummern zu führen, und Behufs der Straffestsetzung von dem beiliegenden Formular II als Aktenbogen für jede einzelne Sache, sowie behufs der Ausfertigung der Strafverfügung in Fällen, wo nur eine Gefängnißstrafe festgesetzt wird, von dem beiliegenden Formular III,

Anm.: Die eingeklammerten [ ] Bestimmungen sind durch §. 453 St.P.O. abgeändert worden. Vgl. hierüber und zum ganzen Gesetz die Bek. vom 15. September 1879. (Seite 112 unten.)

sowie in den Fällen, wo eine Geldstrafe und die an deren Stelle tretende Gefängnißstrafe festgesetzt wird, von dem beiliegenden Formular IV Gebrauch zu machen.

§. 2.

Die Befugniß zur vorläufigen Straffestsetzung steht wegen der innerhalb eines Gemeinde- oder Polizeibezirks verübten Uebertretungen derjenigen Person, beziehungsweise derjenigen Behörde zu, welche in diesem Bezirke die örtliche Polizei zu verwalten hat.

Ist aber gesetzlich die Handhabung der Polizei für einzelne Gegenstände z. B. das Deichwesen einer besonderen Behörde übertragen, so steht nur dieser die Befugniß zur vorläufigen Straffestsetzung wegen der innerhalb ihres Bezirkes verübten Uebertretungen gegen diejenigen Strafvorschriften zu, welche die ihr übertragene besondere Polizei-Verwaltung betreffen.

Beleidigungen, sowie Diebstähle an Holz oder anderen Waldprodukten, gehören nicht zu den Uebertretungen, wegen welcher der Polizeiverwalter zur vorläufigen Straffestsetzung befugt ist.

§. 3.

Von der Befugniß zur vorläufigen Straffestsetzung ist nicht Gebrauch zu machen, wenn der dazu Berechtigte in Erfahrung bringt, daß der Polizeianwalt bereits Schritte zur gerichtlichen Verfolgung einer Uebertretung gethan hat.

Die Uebertretungen verjähren in drei Monaten von dem Tage an gerechnet, an welchem sie begangen sind. Nach Ablauf der Verjährungsfrist findet die Bestrafung nicht mehr statt. Durch Erlaß der polizeilichen Strafverfügung aber wird die Verjährung unterbrochen.

§. 4.

In den hiernach nicht ausgenommenen Fällen hat sich der Berechtigte, wenn er von einer in seinem Amtsbereiche vorgefallenen Uebertretung Kenntniß erhält, zunächst davon, wo, zu welcher Zeit, wie und von wem sie verübt ist, Ueberzeugung zu verschaffen.

§. 5.

Hat er die Uebertretung selbst wahrgenommen, oder die Ueberzeugung davon durch amtliche, auf eigener Wahrnehmung des Anzeigenden beruhende, oder durch Angaben glaubwürdiger Zeugen unterstützte Anzeigen, oder Protokolle eines Beamten erlangt, so bedarf es weiterer Nachforschungen nicht, sofern nur daraus die zur Straffestsetzung erforderlichen Umstände (§. 4) hervorgehen.

§. 6.

Ebenso wird es, falls er anderweitig von einer Uebertretung Kenntniß erhält, in der Regel genügen, wenn er die Uebertretung auf glaubwürdige

Weise in Erfahrung gebracht hat, und mindestens eine glaubwürdige Person dieselbe bezeugen kann.

§. 7.

Es ist sodann (§§. 5 u. 6) der Fall in die Strafliste einzutragen, der Aktenbogen bei 1, 2 u. 3 auszufüllen, und die Strafverfügung, gleichlautend mit der Eintragung in Nr. 3 desselben, durch Ausfüllung, Unterzeichnung und Unterstempelung des Formulars III oder beziehungsweise IV auszufertigen.

§. 8.

Erachtet der Polizeiverwalter, um die erforderliche Ueberzeugung von der Uebertretung oder von den Mitteln zu ihrem Beweise zu gewinnen, auch noch Ermittelungen für nöthig, so hat er diese auf die kürzeste, dabei aber hinreichend zuverlässige Art zu veranlassen.

Er ist hierbei an keine Förmlichkeit, auch nicht an ein protokollarisches Verfahren gebunden, vielmehr genügt es, daß er das Ergebniß seiner Ermittelungen, wenn sie zu der erforderlichen Ueberzeugung führen, unter Eintragung der Sache in die Straflisten durch Ausfüllung der Nr. 2 und 3 des Formulars II aktenmäßig macht, worauf er dann die Strafverfügung (§. 7) aussertigt.

§. 9.

Erachtet der Polizeiverwalter die Vereidigung von Zeugen für erforderlich, um die Uebertretung festzustellen, oder läßt sich die Behufs der vorläufigen Straffestsetzung erforderliche Ueberzeugung nur durch schwierige weitläufige oder voraussichtlich nur im gerichtlichen Verfahren mit Erfolg zu erreichende Ermittelungen gewinnen, so ist von der Straffestsetzung Abstand zu nehmen, und die Sache bei dem Polizeianwalt Behufs der gerichtlichen Verfolgung zur Anzeige zu bringen.

§. 10.

Ist die Uebertretung mit Geld oder [Gefängnißstrafe] bedroht, so hat der Polizeiverwalter nach den bei der Uebertretung obwaltenden Umständen und mit Rücksicht auf die Person des Angeschuldigten z. B. ob er schon früher bestraft worden oder nicht, zu ermessen, ob Geldbuße oder sogleich [Gefängnißstrafe] festzusetzen sei.

Wird eine Geldstrafe festgesetzt, so darf sie nicht weniger als [10 Silbergroschen] betragen. Die für den Fall des Unvermögens des Verurtheilten statt der Geldbuße stets sogleich festzusetzende [Gefängnißstrafe] aber ist so zu bestimmen, daß nach dem Ermessen des Polizeiverwalters einer Geldstrafe von [zehn Silbergroschen] oder auch einer höheren Geldstrafe bis zum Betrage von [zwei Thalern] eine [Gefängnißstrafe] von einem Tage gleichgeachtet wird.

Unter einem Tage, zu vier und zwanzig Stunden gerechnet, darf [Gefängnißstrafe] nicht festgesetzt werden.

Ist die Strafe der Uebertretung auch Konfiskation des Gegenstandes, so ist neben der Strafe auch die Konfiskation in der Strafverfügung auszusprechen, und zwar nach dem Worte: „festgesetzt" des Formulars III oder IV.[1]

§. 11.

Die ausgefertigte Strafverfügung, aus welcher das Erforderliche in die Strafliste einzutragen ist, wird dem Gemeinde- oder Amtsboten Behufs der Zustellung an den Uebertreter übergeben. Da, wo ein vereideter Amts- oder Gemeindebote noch nicht vorhanden ist, muß solcher behufs Insinuation der Strafverfügungen dem Landrathe in Vorschlag gebracht werden. Dieser hat den Vorgeschlagenen, wenn er ihn für geeignet hält, mit der erforderlichen Instruction zu versehen und mit dem Amtseide eines Amts- oder Gemeinde-Boten zu vereidigen.

§. 12.

Mit der Ausfertigung der Strafverfügung ist dem Boten stets der Aktenbogen zu übergeben. Der Bote hat die Ausfertigung dem Bestraften vorschriftsmäßig zuzustellen, über die Art und den Tag der Zustellung auf dem Aktenbogen zu Nr. 4 unter seiner Unterschrift amtlichen Bericht zu erstatten und sodann den Aktenbogen zurückzugeben.

§. 13.

Gestellt sich der Bestrafte bis zum Ablauf des [zehnten] Tages, nach dem Tage der Zustellung der Strafverfügung, diesen nicht mitgerechnet, bei dem Polizeiverwalter, welcher die letzten erlassen hat, unter Berufung auf gerichtliche Entscheidung, so ist darüber eine Verhandlung aufzunehmen und diese nebst dem Aktenbogen und den etwa zur Sache sonst vorhandenen Schriftstücken, welche zu dem Aktenbogen zu sammeln sind, ohne daß es einer weiteren Beischrift bedarf, an den Polizeianwalt abzusenden, die Absendung aber in der Strafliste zu verzeichnen.

Ebenso ist zu verfahren, wenn der Antrag auf gerichtliche Entscheidung schriftlich eingereicht wird.

Die Bescheinigung über die erfolgte Anmeldung, welche nach §. 5 des Gesetzes vom 14. Mai d. J. zu ertheilen ist, kann auch auf die Ausfertigung der Strafverfügung gesetzt werden.[2]

---

[1] Diese Bestimmungen über die Art der festzustellenden Strafe und Umwandlung von Geldstrafen in Freiheitsstrafen sind durch das St.G.B. in Wegfall gekommen. (Vergl. Bekanntm. vom 15./9. 79). An Stelle der Gefängnißstrafe ist überall Haftstrafe getreten.

[2] Abgeändert durch die §§. 453. 454 St.P.O. (Vgl. oben §. 65.)

§. 14.

Ist innerhalb der [zehntägigen] Frist ein solcher Antrag (§. 13) nicht gemacht, auch eine Bescheinigung darüber, daß beim Polizeirichter oder Polizeianwalt Berufung eingelegt worden, nicht beigebracht, so ist die Strafverfügung zu vollstrecken.

§. 15.

War eine Geldstrafe festgesetzt, so ist der Aktenbogen unter Beifügung der zur Sache sonst noch gehörigen Schriftstücke ohne weitere Beischrift derjenigen Kasse zu übersenden, zu welcher nach der hierüber ergehenden besonderen Bestimmung die Geldstrafen einzuziehen sind, und die Absendung in der Strafliste zu vermerken.

Ist der Polizeiverwalter zur vorläufigen Empfangnahme der Geldbuße im Allgemeinen ermächtigt, und zahlt der Bestrafte an denselben, so hat er die Geldbuße nebst dem Aktenbogen an die betreffende Kasse sofort zu übersenden, die Zahlung aber auf der Ausfertigung der Strafverfügung oder auf besonderem Blatte zu bescheinigen.

§. 16.

Die zur Annahme der Geldbußen bestimmte Kasse zieht die Geldbuße ein. Ist letztere nicht beizutreiben, so vermerkt dies die Kasse auf dem Aktenbogen und sendet ihn dem, welcher die Strafverfügung erlassen, zurück, worauf sodann von diesem nach der Vorschrift des §. 18 die [Gefängnißstrafe] zu vollstrecken ist.

§. 17.

Ist keine Geldstrafe, sondern nur [Gefängnißstrafe] festgesetzt, so wird dieselbe von dem, welcher die Strafverfügung erlassen hat, im Polizeigefängnisse vollstreckt. Es ist zu dem Ende der Vermerk zu Nr. 5 des Aktenbogens auszufüllen, und der Haftbefehl, damit gleichlautend, durch Ausfüllung des Formulars V auszufertigen und diese Ausfertigung dem Amts- oder Gemeinde-Diener zu übergeben, welcher ihn nach der Ausführung desselben zurückzugeben hat, worauf der Vermerk zu Nr. 6 auf dem Aktenbogen auszufüllen, auch die Vollstreckung in der Strafliste zu vermerken ist.

§. 18.

Ist eine Konfiscation festgesetzt, und die Verfügung vollstreckbar geworden, so ist der zu konfiscirende Gegenstand, wo dies noch nicht geschehen sein sollte, durch den Amtsdiener mit Beschlag zu belegen und demnächst demjenigen zu übergeben, welchem dergleichen Konfiscate zustehen.

Ist der Polizeiverwalter zweifelhaft darüber, wem das Konfiscat zufällt, so hat er hierüber vom Landrathe weiteren Bescheid einzuholen.

§. 19.

Wird dem, welcher die Strafverfügung erlassen hat, nach Ablauf der [zehntägigen Frist] die Bescheinigung darüber, daß Berufung bei dem Polizeianwalt oder Polizeirichter eingelegt ist, vorgelegt, so hat er mit der Vollstreckung Abstand zu nehmen und den Aktenbogen dem Polizeianwalt zu übersenden, oder falls der Aktenbogen bei der Kasse sich befindet, diese von der Berufung zu benachrichtigen Behufs der Absendung des Aktenbogens an den Polizeianwalt.

Dasselbe Verfahren ist zu beobachten, wenn vor oder nach Ablauf der [zehntägigen] Frist dem, welcher die Strafverfügung erlassen hat, die Benachrichtigung des Polizeirichters oder Polizeianwalts von der erfolgten Berufung zugeht.

Diese Absendung des Aktenbogens ist in der Strafliste zu vermerken.

§. 20.

Ist auf gerichtliche Entscheidung angetragen, so hat der Polizeianwalt nach Empfang des Aktenbogens denselben dem Polizeirichter einzureichen. Der Polizeianwalt ist in seinen Anträgen durch die Strafverfügung in keiner Beziehung gebunden.

§. 21.

Wird die Berufung vom Gericht als zu spät angebracht zurückgewiesen, so ist der Aktenbogen nebst den etwaigen sonstigen Verhandlungen in der Sache durch den Polizeianwalt dem, welcher die Strafverfügung erlassen hat, zurückzusenden. Dieser hat sodann ebenso zu verfahren, als wenn Berufung nicht eingelegt wäre.

§. 22.

Werden Reisende oder sonst Personen, welche der Polizeibehörde als unverdächtig nicht bekannt sind, deren Unverdächtigkeit auch von zuverlässigen Personen nicht sofort bescheinigt wird, von der Polizeibehörde in Ausübung einer Uebertretung betroffen, oder ihr von glaubwürdigen Personen, welche sie dabei betroffen, zugeführt, und hat die Polizeibehörde von ihrer Befugniß der vorläufigen Straffestsetzung Gebrauch gemacht, so kann sie die sofortige Bestellung einer Sicherheit für die Strafe fordern, und, wenn weder die Sicherheit bestellt wird, noch der Uebertreter sich sofort der Straffestsetzung unterwirft, denselben nach §. 2 des Ges. v. 12. Febr. 1850 (Gesetzsammlung Seite 45) festnehmen. Die Polizeibehörde hat alsdann den Festgenommenen nach §. 4 desselben Gesetzes, nebst dem Aktenbogen über die betr. Uebertretung dem Polizeianwalte zu überweisen.

§. 23.

Sollten, was jedoch nur ausnahmsweise eintreten kann, bis zum Erlasse der Strafverfügung Auslagen für Porto, Botenlohn und Zeugengebühren entstanden sein, so sind solche unter Nr. 7 auf dem Aktenbogen zu vermerken. Die nach Erlaß der Strafverfügung entstandenen Auslagen, welche nur für Botenlohn und Porto erwachsen können, dürfen insgesammt 5 Sgr. nicht übersteigen, sie sind ebenso, wie die [Gefängniß]kosten für Vollstreckung der Verfügung, daselbst einzutragen.

§. 24.

Erfolgt in der Sache gerichtliche Verurtheilung, so sind die im vorläufigen Straffestsetzungs-Verfahren entstandenen Auslagen mit den gerichtlichen Kosten einzuziehen und von dem Gerichte, welches den Betrag als Auslage zu behandeln und zu verrechnen hat, an die Polizeibehörde abzuführen.

§. 25.

Wird die Strafverfügung vollstreckbar, so sind die auf dem Aktenbogen vermerkten Auslagen zugleich mit den Geldstrafen, falls aber eine prinzipale oder subsidiäre [Gefängnißstrafe] vollstreckt wird, von der Polizeibehörde einzuziehen.

§. 26.

Sind die in dem vorläufigen Straffestsetzungsverfahren entstandenen Auslagen nicht beizutreiben, so fallen sie, gleichwie die Kosten der Vollstreckung der [Gefängnißstrafe], als Kosten der Ortspolizei-Verwaltung demjenigen zur Last, welcher die letztgedachten Kosten überhaupt zu tragen hat. Ist aber die Strafverfügung von einer anderen Behörde als von der Ortspolizeibehörde erlassen, so sind die nicht beizutreibenden Auslagen als Verwaltungskosten jener Behörde zu tragen.

§. 27.

Der Betrag der Auslagen sowie die Einziehung oder Erstattung ist in der Strafliste zu vermerken. Hinsichtlich der Verausgabung und der Berechnung solcher Auslagen gilt dasselbe, was von anderen Auslagen der Polizeiverwaltung gilt.

§. 28.

Gegen aktive Militärpersonen d. h. gegen alle nicht zum Beurlaubtenstande gehörende Personen des Soldatenstandes, darf die vorläufige Straffestsetzung nur dann erfolgen, wenn die Uebertretung im Gesetze blos mit Geldstrafe oder Konfiscation bedacht ist.

Ist dagegen die Uebertretung im Gesetze mit Geld- oder [Gefängnißstrafe] oder nur mit [Gefängnißstrafe] bedroht, oder trifft mit der Uebertretung ein Vergehen oder Verbrechen zusammen, so ist die Bestrafung bei dem betreffenden Militärgericht in Antrag zu bringen.

Wird die gegen eine aktive Militärperson eine Geldstrafe festsetzende oder eine Konfiscation verhängende Verfügung vollstreckbar, so ist die Vollstreckung bei den betr. Militärgerichten zu beantragen und in dem Requisitionsschreiben stets zu bemerken, wohin die Geldstrafe oder die konfiscirte Sache abgeliefert werden soll. Kann in einem solchen Falle die Geldstrafe nicht erlegt werden, so wird dieselbe von dem Militärgericht in eine verhältnißmäßige militärische Freiheitsstrafe umgewandelt, und nach Vollstreckung dieser Strafe die requirirende Behörde hiervon benachrichtigt.

§. 29.

Die Landräthe haben, so oft sich dazu Gelegenheit findet, die Handhabung der Befugniß der vorläufigen Straffestsetzung zu prüfen, die etwa erforderliche Belehrung und Remedur eintreten zu lassen, und daß dies geschehen, in der Strafliste zu vermerken.

§. 30.

Die hierin vorgeschriebenen Formulare sind mit dem gegenwärtigen Reglement, welches nebst dem Gesetze vom 14. Mai d. J. der Strafliste vorzudrucken ist, von den Landrathsämtern gegen Erstattung der Druckkosten zu beziehen.

Berlin, den 30. September 1852.

Der Justiz-Minister
Simons.

Der Minister des Innern
v. Westphal.

3) Bekanntmachung,
betreffend das Verfahren bei der vorläufigen Straffestsetzung wegen Uebertretungen vom 15. September 1879.

Zur Ausführung der in den §. 453 ff. der Strafprozeßordnung für das Deutsche Reich vom 1. Februar 1877 (Reichs-Ges.-Bl. S. 253) enthaltene Vorschriften über das Verfahren nach vorangegangener polizeilicher Strafverfügung bestimmen wir im Anschlusse an das von den Ministern der Justiz und des Innern zur Ausführung des Gesetzes vom 14. Mai 1852, betreffend die vorläufige Straffestsetzung wegen Uebertretungen (Ges.-Samml. S. 245) erlassene Reglement vom 30. September 1852 für den Geltungsbereich des gedachten Gesetzes vom 14. Mai 1852 (Einleitung dieses Gesetzes und Verordnung vom 26. Juni 1864 Art. II lit. J., Ges.-Samml. S. 321), was folgt:

I. Der §. 453 Abs. 1 der Strafprozeßordnung verweist in Betreff der Befugniß der Polizeibehörden zur vorläufigen Festsetzung einer in den Strafgesetzen angedrohten Strafe auf die Bestimmungen der Landesgesetze. Hiernach ist in der Competenz der Polizeibehörden zur vorläufigen Festsetzung von Geldstrafen bis zu fünfzehn Mark oder von Haft bis zu drei Tagen gemäß §. 1 des Gesetzes vom 14. Mai 1852 für jetzt nichts geändert und bleibt späterer Erwägung die etwaige Ausdehnung dieser

Competenz im Wege der Landesgesetzgebung innerhalb der in Abs. 2 des §. 453 cit. gestatteten Grenzen (§§. 2, 10 des Reglements vom 30. September 1852) vorbehalten.

II. Die Strafverfügung muß nach §. 453 Abs. 3 der Strafprozeßordnung außer der Festsetzung der Strafe die strafbare Handlung, das angewendete Strafgesetz und die Beweismittel bezeichnen, auch die Eröffnung enthalten, daß der Beschuldigte, sofern er nicht eine nach den Gesetzen zugelassene Beschwerde an die höhere Polizeibehörde ergreife, gegen die Strafverfügung binnen einer Woche nach der Bekanntmachung bei der Polizeibehörde, welche diese Verfügung erlassen hat, oder bei dem zuständigen Amtsgericht auf gerichtliche Entscheidung antragen könne. Hiernach müssen

1. was bisher nicht vorgeschrieben war, in der Ausfertigung der dem Beschuldigten zugehenden Strafverfügung die Beweismittel der begangenen Uebertretung bezeichnet sein (§§. 7 bis 9 des Reglements vom 30. September 1852).
2. Bei der Vorschrift im §. 5 des Gesetzes vom 14. Mai 1852, nach welcher eine Beschwerde über die Strafverfügung bei der vorgesetzten Behörde nicht stattfindet, behält es auch ferner sein Bewenden.
3. Durch die gedachten Bestimmungen des §. 453 sind die Vorschriften im §. 5 des Gesetzes vom 14. Mai 1852 dahin abgeändert, daß der Antrag auf gerichtliche Entscheidung nicht mehr binnen zehn Tagen, sondern binnen einer Woche nach Zustellung der Strafverfügung, sowie nicht mehr bei den Polizeianwalt bezw. dem an dessen Stelle tretenden Amtsanwalt, sondern bei der Polizeibehörde, welche die Strafverfügung erlassen hat, oder bei dem zuständigen Amtsgerichte anzubringen ist (§. 13 des Reglements vom 30. September 1852).

III. Der §. 454 a. a. O. enthält die Bestimmung, daß, wenn der Antrag auf gerichtliche Entscheidung angebracht ist, die Polizeibehörde, falls sie nicht die Strafverfügung zurücknimmt, die Akten an die zuständige Staatsanwaltschaft zu übersenden hat, von welcher letzteren dieselben dem Amtsrichter vorzulegen sind. Hiernach ist

1. den Polizeibehörden die Befugniß eingeräumt, zu dem gedachten Zeitpunkte, die Strafverfügung zurückzunehmen. Von dieser Befugniß hat die Polizeibehörde Gebrauch zu machen, wenn sie sich überzeugt, daß die Strafverfügung auf einem Irrthum beruht.
2. Als zuständige Staatsanwaltschaft im Sinne des §. 454 ist der betreffende Amtsanwalt anzusehen (§. 13 des Reglements vom 30. September 1852).

IV. Gegen die Versäumung der Antragsfrist gestattet der §. 454 a. a. O. unter den in den §§. 44, 45 bezeichneten Voraussetzungen Wiedereinsetzung in den vorigen Stand. Hiernach kann

1. die Wiedereinsetzung in den vorigen Stand beansprucht werden, wenn der Antragsteller durch Naturereignisse oder andere unabwendbare Zufälle an der Einhaltung der Frist verhindert worden ist. Als unabwendbarer Zufall ist es anzusehen, wenn der Antragsteller von der Zustellung der Strafverfügung ohne sein Verschulden keine Kenntniß erlangt hat (§. 44).
2. Das Gesuch um Wiedereinsetzung in den vorigen Stand muß binnen einer Woche nach Beseitigung des Hindernisses unter Angabe und Glaubhaftmachung der Versäumnißgründe (§. 45) bei der Polizeibehörde oder bei dem Amtsgerichte angebracht werden (§. 455).
3. Ueber das Gesuch entscheidet der Amtsrichter. Die dem Gesuche stattgebende Entscheidung unterliegt keiner Anfechtung; gegen die das Gesuch verwerfende Entscheidung findet sofortige Beschwerde bei dem Landgerichte statt (§. 455. Abs. 2 u. 3 und §. 72 des Gerichtsverfassungsgesetzes vom 27. Januar 1877, Reichs-Gesetz-Blatt S. 41).

V. An Stelle der dem Reglement vom 30. September 1852 beigefügten Formulare II, III und IV treten die anliegenden.

Berlin, den 15. September 1879.

Der Justizminister. Leonhardt.

Der Minister des Innern. Graf zu Eulenburg.

Formular II.

1. Nr. der Strafliste.
Des Jahres 18

2. Die Uebertretung wird bewiesen durch
(Name, Stand und Wohnort des Zeugen)
die anliegende
amtliche Anzeige des
vom
amtliche Verhandlung vom

3. D zu

hat am

Es wird deshalb hiermit gegen d auf Grund d eine bei zu erlegende Geldstrafe von , an deren Stelle, wenn sie nicht beizutreiben ist, eine Haft von tritt, festgesetzt.

Findet d sich durch diese Straffestsetzung beschwert, so kann innerhalb einer Woche von Zustellung dieser Verfügung an bei der unterzeichneten Behörde schriftlich oder zu Protokoll oder bei dem zuständigen Amtsgerichte schriftlich oder zu Protokoll des Gerichtsschreibers auf gerichtliche Entscheidung angetragen werden. Erfolgt binnen dieser Frist ein solcher Antrag nicht, so wird die festgesetzte Strafe vollstreckt. Gegen die Versäumniß der Antragfrist kann Wiedereinsetzung in den vorigen Stand beansprucht werden, wenn der Beschuldigte durch Naturereignisse oder durch andere unabwendbare Zufälle an der Einhaltung der Frist verhindert worden ist. Der Antrag muß binnen einer Woche nach Beseitigung des Hindernisses und unter Glaubhaftmachung der Versäumnißgründe bei der Polizeibehörde oder bei dem Amtsgerichte angebracht werden.

den 18

4. Die Ausfertigung der vorstehenden Verfügung ist heute dem in Person, in dessen Abwesenheit ausgehändigt.

Da in der Wohnung d Angehörige, Dienstboten und der Hauswirth nicht angetroffen worden,

Da d die Annahme von den verweigert worden, an die Stubenthür, Hausthür d befestigt.

5. Der wird angewiesen, d behufs Vollstreckung der durch die Verfügung vom (Nr. der Strafliste) festgesetzten Strafe auf die Dauer von zur gefänglichen Haft zu bringen.

den 18

Die Ortspolizeibehörde zu

6. Verhandelt

Der berichtet heute

d ist nach vorstehender

Verfügung vom

am

in das Gefängniß zu

gebracht und

am

daraus wieder entlassen worden.

Die Gefängnißkosten sind gezahlt

mit . . . .

nicht gezahlt

V. g. u.

G. w. o.

7. Auslagen sind entstanden:

1) bis zur Strafverfügung:

an Porto

für

Botenlohn

für

Zeugengebühr

für

2) nach Erlaß der Strafverfügung:

an Botenlohn

für

an Porto

für

an Gefängnißkosten

für

Hiervon ist gezahlt an

von d

Formular III.

D zu

hat am

Die Uebertretung wird bewiesen durch

Es wird deshalb hiermit gegen d

auf Grund d eine Haft von festgesetzt.

Findet d sich durch diese Straffestsetzung beschwert, so kann innerhalb einer Woche Frist von Zustellung dieser Verfügung an, bei der unterzeichneten Behörde schriftlich, oder zu Protokoll, oder bei dem zuständigen Amtsgerichte schriftlich oder zu Protokoll des Gerichtsschreibers, auf gerichtliche Entscheidung angetragen werden.

Erfolgt binnen dieser Frist ein solcher Antrag nicht, so wird die festgesetzte Strafe vollstreckt.

Gegen die Versäumniß der Antragfrist kann Wiedereinsetzung in den vorigen Stand beansprucht werden, wenn der Beschuldigte durch Naturereignisse oder durch andere unabwendbare Zufälle an der Einhaltung der Frist verhindert worden ist. Der Antrag muß binnen einer Woche nach Beseitigung des Hindernisses unter Angabe und Glaubhaftmachung der Versäumungsgründe bei der Polizeibehörde oder bei dem Amtsgerichte angebracht werden.

den 18

Formular IV.

Sie haben

am

Die Uebertretung wird bewiesen durch

Es wird deshalb hiermit gegen Sie

auf Grund d eine bei zu erlegende Geldstrafe von , an deren Stelle, wenn sie nicht beizutreiben ist, eine Haft von tritt, hierdurch festgesetzt.

Sollten Sie sich durch diese Strafverfügung beschwert halten, so können Sie innerhalb einer Woche, von Zustellung dieser Verfügung an, bei der unterzeichneten Behörde schriftlich oder zu Protokoll des Gerichtsschreibers, auf gerichtliche Entscheidung antragen.

Erfolgt binnen dieser Frist ein solcher Antrag nicht, so wird die festgesetzte Strafe vollstreckt.

Gegen die Versäumung der Antragsfrist kann Wiedereinsetzung in den vorigen Stand beansprucht werden, wenn der Beschuldigte durch Naturereignisse oder durch andere unabwendbare Zufälle an der Einhaltung der Frist verhindert worden ist. Der Antrag muß binnen einer Woche nach Beseitigung des Hindernisses unter Angabe und Glaubhaftmachung der Versäumnißgründe bei der Polizeibehörde oder bei dem Amtsgerichte angebracht werden.

den 18

II. Königreich Sachsen.

1) Gesetz das Verfahren in Verwaltungsstrafsachen betreffend vom 8. März 1879.

(Ges.= u. Verordn.=Bl. 1879 S. 87.)

Wir Albert von Gottes Gnaden, König von Sachsen ꝛc. verordnen ꝛc. was folgt:

§. 1.

Den Polizeibehörden steht das Befugniß zu, wegen Uebertretungen jeder Art Strafverfügungen nach Maßgabe der §§. 453 bis 458 der Strafprozeßordnung vom 1. Februar 1877 zu erlassen, insoweit nicht Reichsgesetze etwas Anderes bestimmen.

Insoweit nach besonderen Gesetzen das Befugniß von Polizeibehörden zu Verhängung von Strafen ein beschränkteres als nach den in Absatz 1 bezeichneten Bestimmungen der Strafprozeßordnung ist, bewendet es hierbei.

Für den Gerichtsstand in Polizeistrafsachen sind die Bestimmungen in §§. 7 fgde. der Strafprozeßordnung ebenfalls maßgebend.

§. 2.

Die Zustellung der Strafverfügung kann durch die Post gegen Zustellungsurkunde oder durch den Beamten, der sie erläßt, oder durch den verpflichteten Boten einer Polizei= oder Gerichtsbehörde erfolgen. In Abwesenheit des Angeschuldigten kann die Verfügung Jedem zugestellt werden, welchem statt des Betheiligten eine gerichtliche Zufertigung nach den Vorschriften der Civilprozeßordnung gültig zugestellt werden kann.

§. 3.

Wenn von dem Beschuldigten innerhalb der gesetzlichen Frist auf gerichtliche Entscheidung nicht angetragen wird, ist die Strafverfügung im ganzen Umfange sofort vollstreckbar.

Wird der Antrag nur in Bezug auf einen Theil der Verfügung gestellt, so tritt die letztere in ihrem ganzen Umfange außer Kraft.

§. 4.

Für die Strafverfügung, einschließlich der derselben etwa vorausgegangenen Erörterungen, sind abgesehen von etwaigen Verlägen (zu welchen jedoch Copialien nicht zu rechnen sind), keinerlei Kosten zu berechnen.

Die Kosten der Strafvollstreckung werden durch diese Bestimmung nicht berührt.

§. 5.

Ein Recurs oder eine Beschwerde an die vorgesetzte Verwaltungsbehörde findet gegen eine Strafverfügung nicht statt, gegen deren Vollstreckung aber nur insoweit, als behauptet wird, daß dabei den allgemeinen gesetzlichen Vorschriften entgegengehandelt werde.

§. 6.

Bei Strafandrohungen der Polizeibehörden haben die Gerichte zwar darüber, ob dieselben von der zuständigen Behörde innerhalb ihrer Befugniß erlassen worden seien, nicht aber über deren Nothwendigkeit und Zweckmäßigkeit zu urtheilen.

§. 7.

Ueber Gesuche um Erlaß, Minderung oder Verwandlung der durch Strafverfügung festgestellten Strafe, beziehentlich um Erlaß der bei der Polizeibehörde erwachsenen Kosten, sowie um Niederschlagung des bei der Polizeibehörde eingeleiteten Strafverfahrens steht, dafern es nicht einer Allerhöchsten Entschließung bedarf, die Beschlußfassung demjenigen Ministerium zu, zu dessen Geschäftskreise die Sache ihrem Gegenstande nach gehört.

Es kann jedoch mit der vorgedachten Beschränkung von dem betr. Ministerium auch eine unter ihm stehende Verwaltungsbehörde ermächtigt werden, über derartige Gesuche Entschließung zu fassen.

§. 8.

Das Befugniß der Polizeibehörden, zur Durchführung einer für den einzelnen Fall getroffenen Verfügung Zwangsstrafen anzudrohen und zu vollstrecken, ingleichen auf Grund der ihnen zustehenden Dienst- und Disciplinargewalt über die von ihnen im Allgemeinen oder in Ansehung gewisser Geschäfte ressortirenden Personen Ordnungsstrafen auszusprechen und zu vollstrecken, wird durch dieses Gesetz nicht berührt.

§. 9.

In den bei dem Inkrafttreten der Strafprozeßordnung anhängigen Strafsachen ist, wenn die Strafverfügung vor diesem Zeitpunkt erlassen war, die Einspruchsfrist nach dem Gesetze vom 22. April 1873 zu berechnen.

§. 10.

Bei Zuwiderhandlungen gegen die Vorschriften über die Erhebung öffentlicher Abgaben und Gefälle steht den Verwaltungsbehörden innerhalb ihres Geschäftskreises das Recht zu, Strafbescheide nach Maßgabe der Bestimmungen in §§. 459 bis 469 der Strafproceßordnung zu erlassen.

Was im gegenwärtigen Gesetze über die Strafverfügungen der Polizeibehörden bestimmt ist, gilt auch von diesen Strafbescheiden.

§. 11.

Das Gesetz, das Verfahren in Verwaltungsstrafsachen betreffend, vom 22. April 1873, wird, soweit nicht für die Uebergangszeit in §. 9 etwas anderes bestimmt ist, aufgehoben.

Gegenwärtiges Gesetz tritt zugleich mit der Strafprozeßordnung vom 1. Februar 1877 in Kraft.

Urkundlich haben Wir &c.

Gegeben zu Dresden, am 8. März 1879.

(LS.) Albert.

Hermann v. Nostitz-Wallwitz. Dr. Chr. Wilh. Ludw. v. Abeken.

2) Verordnung

zu Ausführung des Gesetzes, das Verfahren in Verwaltungsstrafsachen betreffend (vom 8. März 1879), vom 15. September 1879.

(Ges.- u. Verordn.-Bl. 1879 S. 851.)

§. 1.

Unter den im Gesetze genannten „Polizeibehörden“ sind alle mit einer Executivgewalt ausgestatteten nicht unter §. 10 des Gesetzes fallenden Verwaltungsbehörden unterer Instanz zu verstehen.

Nach §. 1 des Gesetzes sind die Polizeibehörden zum Erlaß von Strafverfügungen nur wegen Uebertretungen, d. h. wegen solcher Handlungen berechtigt, welche in Gesetzen oder Verordnungen mit Haft oder mit Geldstrafe bis zu 150 Mark bedroht sind. Dadurch erledigen sich die Bestimmungen in §. 2 Abs. 3 u. 4 und in §. 4 der Verordnung, den Einfluß des Bundesstrafgesetzbuchs auf Polizeisachen betreffend, vom 14. December 1870 (Ges.- u. Verordn.-Bl. S. 373).

Dagegen hat andererseits, soweit nach §. 2 der angezogenen Verordnung die in §. 368 Ziff. 9 u. 10 und in §. 370 des Strafgesetzbuchs aufgeführten Uebertretungen seither der polizeilichen Competenz entnommen waren, diese Beschränkung nunmehr wegzufallen.

Im Uebrigen ist es nach §. 453, verbunden mit §. 447 der Strafprozeßordnung fernerhin nicht zulässig, daß von Polizeibehörden durch Strafverfügung die Ueberweisung an die Landespolizeibehörde ausgesprochen wird.

§. 2.

Erachtet die Verwaltungsbehörde den Fall weder für straflos, noch zum Erlaß einer Strafverfügung, beziehentlich eines Strafbescheids angethan, so hat sie die Sache an die Staatsanwaltschaft (Amts= oder Staatsanwalt) abzugeben und dieser auch gleichzeitig den Beschuldigten, falls er vorläufig festgenommen ist (§§. 113 u. 127 der Strafprozeßordnung) und seine Wiederentlassung bedenklich fällt, zuzuführen. Die Staatsanwaltschaft hat darüber, ob der Beschuldigte in Freiheit zu setzen sei, unverzüglich Entschließung zu fassen und, wenn sie die Entlassung nicht verfügt, den Vorschriften im IX. Abschnitte des Ersten Buches der Strafprozeßordnung nachzugehen.

§. 3.

Die Strafverfügungen und Strafbescheide sollen außer Demjenigen, was die Strafprozeßordnung in §§. 453 u. 459 vorschreibt, enthalten:

a) Die Angabe der bei der Behörde etwa erwachsenen, von dem Beschuldigten zu erstattenden Verläge,

b) Die Bezeichnung der Kasse, wohin die Geldstrafe und die Verläge bezahlt, und eintretenden Falls der Stelle, wohin die der Einziehung unterliegenden Gegenstände, soweit sie nicht schon in der Verwahrung der Behörde sich befinden, abgeliefert werden sollen.

Die Behörden können sich eines, dem einzelnen Falle entsprechend gehörig auszufüllenden Formulars nach einem der hier beigefügten Schemas bedienen.

§. 4.

Die durch Strafverfügung oder Strafbescheid auferlegte Strafe wird, wenn der Beschuldigte sich ausdrücklich unterwirft oder nicht innerhalb der gesetzlichen Frist auf gerichtliche Entscheidung anträgt, im Verwaltungswege vollstreckt.

Macht sich jedoch wegen Uneinbringlichkeit einer in einem vollstreckbaren Strafbescheide festgesetzten Geldstrafe deren Umwandlung in eine Freiheitsstrafe erforderlich, so ist die Sache von der Verwaltungsbehörde behufs Einleitung des in §. 463 der Strafprozeßordnung vorgeschriebenen Verfahrens an die Staatsanwaltschaft abzugeben.

Wenn eine Verwaltungsbehörde nicht eigne Haftlokalitäten besitzt, ist nach §. 4 des Gesetzes A vom 28. Januar 1835 (Ges.= u. Verordn.=Bl.

S. 56) wegen Vollstreckung der von ihr auferlegten Haftstrafen die für die Strafvollstreckung zuständige Justizbehörde des Bezirks anzugehen.

§. 5.

Wird nach Erlaß der Strafverfügung oder des Strafbescheides innerhalb der gesetzlichen Frist auf gerichtliche Entscheidung angetragen, so hat die Verwaltungsbehörde, dafern sie nach der dem Antrage gegebenen Begründung sich nicht veranlaßt findet, die Strafverfügung oder den Strafbescheid zurückzunehmen, die Sache alsbald an die Staatsanwaltschaft abzugeben.

Rücksichtlich des vorläufig festgenommenen Beschuldigten ist auch in diesem Falle Dasjenige zu beachten, was in §. 5 für die Behandlung vorläufig Festgenommener vorgeschrieben ist.

§. 6.

Die Verwaltungsbehörde hat jede innerhalb der für den Antrag auf gerichtliche Entscheidung nachgelassenen Frist erfolgenden Aeußerung des Beschuldigten, durch welche er zu erkennen giebt, daß er sich bei der Strafverfügung oder dem Strafbescheide nicht beruhigen wollte, als Antrag auf gerichtliche Entscheidung zu behandeln. An die Staatsanwaltschaft ist die Sache auch dann abzugeben, wenn der Beschuldigte seine Erklärung, durch welche er sich unterworfen hatte, innerhalb der nachgelassenen Frist zurücknimmt. Das bereits eingeleitete Vollstreckungsverfahren ist in diesem Falle einzustellen.

§. 7.

Beschließt die Staatsanwaltschaft in einer nach §. 2 an sie abgegebenen Sache, die öffentliche Klage nicht zu erheben, so hat sie die Verwaltungsbehörde hiervon zu benachrichtigen. Letztere kann eine dienstliche Anweisung des betr. Staats- oder Amtsanwalts bei dem Vorgesetzten desselben beantragen. Die Entlassung des vorläufig festgenommenen Beschuldigten wird hierdurch nicht gehindert.

Auch in anderen Fällen können die Verwaltungsbehörden den Erlaß dienstlicher Anweisungen in Bezug auf die Behandlung der von ihnen an die Amts- beziehentlich Staatsanwälte abgegebenen Sachen bei deren Vorgesetzten beantragen.

Wenn bei Zuwiderhandlungen gegen die Vorschriften über die Erhebung öffentlicher in die Staats- oder Reichskasse fließender Abgaben und Gefälle Verwaltungsbehörden, im Falle der Ablehnung des Antrags auf Strafverfolgung seitens der Staatsanwaltschaft, von dem ihnen nach §. 464 der Strafprozeßordnung zustehenden Befugnisse, die Anklage selbst zu erheben, Gebrauch machen wollen, haben sie hierzu zunächst die Genehmigung ihrer vorgesetzten Behörde einzuholen.

§. 8.

Wird von dem Beschuldigten, an welchen eine polizeiliche Strafverfügung erlassen worden ist, der Antrag auf gerichtliche Entscheidung (Strafprozeßordnung §. 454) oder ein Gesuch um Wiedereinsetzung in den vorigen Stand gegen die Versäumung der Einspruchsfrist (Strafprozeßordnung §. 455) bei dem Amtsgericht schriftlich oder zu Protokoll des Gerichtsschreibers gestellt, so hat der Letztere hiervon die Polizeibehörde, welche die Strafverfügung erlassen hatte, ohne Verzug zu benachrichtigen.

§. 9.

Ist gegen eine polizeiliche Strafverfügung oder gegen einen Strafbescheid auf gerichtliche Entscheidung angetragen worden und wird im gerichtlichen Verfahren auf eine geringere, als die von der Verwaltungsbehörde festgesetzte Strafe oder auf Freisprechung erkannt, so hat die Staatsanwaltschaft die Verwaltungsbehörde alsbald nach Verkündigung des Urtheils zu benachrichtigen und derselben zugleich kürzlich mitzutheilen, ob die Staatsanwaltschaft ein Rechtsmittel gegen das Urtheil einzulegen oder aus welchem Grunde sie dies zu unterlassen beabsichtige.

§. 10.

Der Staatsanwaltschaft liegt es ob, den Verwaltungsbehörden über den Ausgang der nach §§. 2 und 5 flg. abgegebenen Sachen Mittheilung zu machen.

§. 11.

Gelangt an die Staatsanwaltschaft eine Sache, in welcher eine Verwaltungsbehörde zum Erlaß einer Strafverfügung oder eines Strafbescheids befugt sein würde, in anderer Weise als durch Abgabe von Seiten der zuständigen Verwaltungsbehörde, so hat sie dieselbe zunächst an Letztere zur Entschließung abzugeben.

Diese Vorschrift findet nicht Anwendung:

a) wenn gegen den Beschuldigten ein Haftbefehl erlassen ist,
b) wenn die Verbindung der Sache mit einer anderen Strafsache angemessen erscheint, in welcher eine Strafverfügung oder ein Strafbescheid nicht erlassen werden kann,
c) wenn der Beschuldigte sich freiwillig stellt oder infolge einer vorläufigen Festnahme dem Gericht vorgeführt und das Verfahren nach §. 211 Abs. 1 der Strafprozeßordnung eingeleitet wird.

Die Staatsanwaltschaft hat jedoch in diesen Fällen der zuständigen Verwaltungsbehörde von der Anzeige und von ihrer Entschließung Kenntniß zu geben. Ist die Verwaltungsbehörde nach §. 467 der Strafprozeßordnung berechtigt, sich der Verfolgung anzuschließen, so ist ihr so rechtzeitig Kenntniß zu geben, daß sie den Anschluß noch vor der Aburtheilung der Sache in erster Instanz bewirken kann.

Abgesehen von dem Falle, wenn die Verwaltungsbehörde sich der Verfolgung angeschlossen hat (Strafprozeßordnung §. 468), ist ihr auch in den vorerwähnten Fällen seiten der Staatsanwaltschaft von dem Ausgange der Strafsache Nachricht zu geben.

§. 12.

Was die in §. 7 des Gesetzes gedachten Gnadengesuche (Gesuche um Erlaß, Minderung oder Verwandlung der durch Strafverfügung festgestellten Strafen, beziehentlich um Erlaß der bei der Polizeibehörde erwachsenen Kosten) anlangt, so werden

A im Geschäftsbereiche des Ministerium des Innern

1. Die Unterbehörden ermächtigt, über solche auf die von ihnen erkannten Strafen bezügliche Gesuche (mit Ausnahme der Gesuche um Niederschlagung des Strafverfahrens) selbst Entschließung zu fassen, dafern nicht
   a) die Strafe auf Grund allgemeiner, im Gesetz oder Verordnungswege getroffener Bestimmungen oder
   b) infolge einer von der vorgesetzten Behörde erfolgten Androhung erkannt worden ist, oder
   c) der Cognition der vorgesetzten Behörde (auf dem Wege des Recurses, der Beschwerde oder eines Gnadengesuchs) bereits unterlegen hat, oder endlich
   d) ausdrücklich auf Allerhöchste Gnade oder auf die obere Behörde provocirt worden ist.

2. für alle anderen Fälle wird die Entschließung den Kreishauptmannschaften, beziehentlich in den das Brandversicherungswesen betreffenden Angelegenheiten der Brandversicherungscommission überlassen, soweit nicht
   a) die Allerhöchste Gnade angerufen oder
   b) um Niederschlagung des Strafverfahrens gebeten oder endlich
   c) auf das Ministerium des Innern provocirt worden ist und die Mittelbehörde dem Gesuche entweder überhaupt oder doch in seinem ganzen Umfange stattzugeben Bedenken trägt.

B. Im Geschäftsbereiche des Finanz-Ministeriums wird

1. die Zoll- und Steuerdirection ermächtigt, über Gesuche um Erlaß, Minderung oder Verwandlung der Strafen, welche wegen Zuwiderhandlung gegen die in Sachen der indirecten Abgaben, einschließlich des Spielkartenstempels, ergangenen Gesetze und Verordnungen, und wegen Chaussee- und Brückengeldhinterziehungen

durch Strafverfügung oder Strafbescheid festgestellt worden sind, selbständig Entschließung zu fassen dafern nicht,

a) die festgestellten Ordnungs-, Hinterziehungs- oder Confiscationsstrafen im Einzelnen den Betrag von 30 M. übersteigen,

b) die Straffälle infolge eines Erlaßgesuchs dem Finanzministerium bereits vorgelegen haben, oder

c) ausdrücklich auf Allerhöchste Gnade oder auf die Entschließung des Finanz-Ministeriums provocirt worden ist.

2. In Straffällen, welche Vergehungen gegen die straßen-, brücken-, strom- und schifffahrtspolizeilichen Vorschriften betreffen, werden die Unterbehörden und Kreishauptmannschaften zur Entschließung über Straferlaß-, Strafminderungs- oder Strafverwandlungsgesuche mit denselben Beschränkungen und in derselben Weise ermächtigt, wie dies nach den vorstehenden Bestimmungen unter A hinsichtlich der zum Geschäftskreise des Ministeriums des Innern gehörigen Verwaltungsstrafsachen geschehen ist.

Bei Straßen- und Brückenpolizeistrafsachen sind unter den Unterbehörden in Städten mit Revidirter Städteordnung die betreffenden Stadträthe oder die etwa mit der Straßen- oder Brückenpolizei im Stadtbezirke betrauten Behörden in mittleren und kleinen Städten, sowie auf dem platten Lande die Amtshauptmannschaften zu verstehen.

3. In Angelegenheiten der directen Steuern, einschließlich der Erbschaftssteuer, sowie des Urkunden- und Wechselstempels und in den zur Zuständigkeit des Bergamts gehörenden Bergsachen sind die Gnadengesuche in allen Fällen dem Finanz-Ministerium zur Entschließung anzuzeigen.

C. In Betreff der Gnadengesuche in Schulstrafsachen bewendet es jedoch auch ferner bei der Verordnung, die Entschließung über Gnadengesuche in Schulstrafsachen betreffend, vom 12. Februar 1876 (Ges.- u. Verord.-Bl. S. 192).

D. Im Geschäftsbereiche des Kriegs-Ministeriums sind die Gnadengesuche ohne Ausnahme dem Kriegs-Ministerium anzuzeigen, welches darauf in allen Fällen selbst weitere Entschließung faßt.

§. 13.

Mit dem Inkrafttreten des in der Ueberschrift dieser Verordnung genannten Gesetzes tritt die gegenwärtige Verordnung an die Stelle der Ausführungsverordnung vom 22. September 1874.

Dresden, den 15. September 1879.

Die Ministerien des Kriegs, des Innern, des Cultus und öffentlichen Unterrichts, der Justiz und der Finanzen.

A.

Formular zu einer Strafverfügung, durch welche eine Geldstrafe auferlegt wird.

Laut (Angabe der ergangenen Anzeige oder sonstige Beweismittel) ist (Name des Beschuldigten) beschuldigt (Angabe der Uebertretung, sowie der Zeit und des Orts der Verübung).

Auf Grund von (Angabe der Vorschrift, auf welche sich die Strafe gründet) wird daher gegen (Name des Beschuldigten) hierdurch eine Geldstrafe von (Angabe der Strafe, nach Befinden auch Hinzufügung der Worte: „und Bezahlung der erwachsenen Verläge") mit der Maßgabe festgesetzt, daß im Falle der Uneinbringlichkeit der Geldstrafe an deren Stelle Haft in der Dauer von ... Tagen zu treten hat.

Sollte (Name des Beschuldigten) durch gegenwärtige Strafverfügung sich beschwert finden und ihr sich nicht unterwerfen wollen, so kann (derselbe — dieselbe) binnen einer Woche nach der Bekanntmachung dieser Verfügung bei der unterzeichneten Stelle oder auch bei dem zuständigen Amtsgerichte schriftlich oder mündlich auf gerichtliche Entscheidung antragen, indem außerdem die Strafverfügung Rechtskraft erlangen und vollstreckt werden wird.

Wenn (Name des Beschuldigten) dagegen der Verfügung sich unterwirft, so hat (derselbe — dieselbe) nachstehenden Schuldbetrag längstens den ... an die unterzeichnete Stelle zu berichtigen, im Unterlassungsfalle aber zu gewärtigen, daß solcher executivisch eingebracht und im Falle der Uneinbringlichkeit der Geldstrafe die an deren Stelle tretende Haft vollzogen werden wird. (Erstreckt sich die Strafverfügung gleichzeitig auf die Einziehung von Gegenständen, so ist dies hier beizufügen). (Bezeichnung der abgenommenen Gegenstände) sind einzuziehen und (hier sind die einzuziehenden, aber noch nicht abgenommenen Gegenstände einzuschalten) sind bis zu dem vorgedachten Termin bei Vermeidung amtlicher Wegnahme an die unterzeichnete Stelle abzuliefern.

, den 18

(Unterschrift.)

Im Falle der Unterwerfung ist zu bezahlen:

M. Pf. Strafe,
M. Pf. (Angabe des Verlags)
M. Pf. (Botenlohn u. s. w.).

B.

Formular zu einer Strafverfügung, durch welche eine Haftstrafe auferlegt wird.

Laut (Angabe der eingegangenen Anzeige oder der sonstigen Beweismittel) ist (Name des Beschuldigten) beschuldet (Angabe der Uebertretung, sowie der Zeit und Orts der Verübung).

Auf Grund von (Angabe der Vorschrift, auf welche sich die Strafe gründet) wird daher gegen (Name des Beschuldigten) hierdurch eine Haftstrafe von ... Tagen (nach Befinden sind die Worte: „und Bezahlung der erwachsenen Verläge" hinzuzufügen) festgesetzt.

Sollte (Name des Beschuldigten) durch gegenwärtige Strafverfügung sich beschwert finden und ihr sich nicht unterwerfen wollen, so kann (derselbe — dieselbe) binnen einer Woche nach der Bekanntmachung dieser Verfügung bei der unterzeichneten Stelle oder auch bei dem zuständigen Amtsgerichte schriftlich oder mündlich auf gerichtliche Entscheidung antragen, indem außerdem die Strafverfügung Rechtskraft erlangen und vollstreckt werden wird.

Wenn (Name des Beschuldigten) dagegen der Verfügung sich unterwirft, so hat (derselbe — dieselbe) behufs des Antritts der Strafe oder weiteren Bescheidung den ... bei der unterzeichneten Stelle sich zu melden, widrigenfalls (er — sie) bei (seinem — ihrem) Ausbleiben zur Strafverbüßung abgeholt werden wird.

(Wegen der einzuziehenden Gegenstände ist hier die Strafverfügung in der am Schlusse des Formulars A angegebenen Weise zu vervollständigen).

, den 18

(Unterschrift.)

3) Gesetz

die Zwangsvollstreckung wegen Geldleistungen in Verwaltungssachen betreffend; vom 7. März 1879.

(Ges.- u. Verordn.-Bl. 1879 S. 84).

Wir, Albert von Gottes Gnaden König von Sachsen rc. verordnen rc. was folgt:

§. 1.

In Verwaltungssachen, einschließlich der streitigen Verwaltungssachen, sind die wegen Geldleistungen von den Verwaltungsbehörden verfügten Zwangsvollstreckungen in bewegliche körperliche Sachen der Zahlungspflichtigen von den Verwaltungsbehörden selbst durch eigene Vollstreckungsbeamte oder durch Gerichtsvollzieher zur Vollziehung zu bringen.

§. 2.

In welchem Umfange der Gerichtsvollzieher zu beauftragen ist, wird durch gemeinschaftliche Anordnung des Justizministeriums und des betheiligten Verwaltungsministeriums bestimmt.

Insofern es sich um Zwangsvollstreckungen handelt, welche durch eine Gemeindebehörde zu verfügen sind, kann die Bestimmung, daß der Gerichtsvollzieher zu beauftragen sei, nur auf Antrag der betreffenden Gemeindebehörde getroffen werden. Dem Antrage ist zu entsprechen, wenn er bis zum 31. März 1879 gestellt worden ist. Ist in Ansehung einer Gemeinde die Beauftragung des Gerichtsvollziehers bestimmt, so darf es zur Uebertragung der Zwangsvollstreckung an einen eigenen Vollstreckungsbeamten der betreffenden Gemeinde der Genehmigung des Justizministeriums.

§. 3.

Die Zwangsvollstreckung erfolgt auf Grund einer amtlichen Ausfertigung der auf die Zwangsvollstreckung gerichteten Verfügung der zuständigen Verwaltungsbehörde.

Die Uebergabe der Ausfertigung an den Vollstreckungsbeamten oder den Gerichtsvollzieher und der Besitz derselben hat die in §§. 675, 676 der Civilprozeß-Ordnung an die Uebergabe und den Besitz der vollstreckbaren Ausfertigung eines gerichtlichen Urtheils geknüpften Wirkungen.

§. 4.

Auf die in Gemäßheit der §§. 1 bis 3 vorzunehmenden Zwangsvollstreckungen finden, soweit nicht nachstehend etwas Anderes angeordnet ist, die Vorschriften in den §§. 673, 678 bis 684, §§. 690, 691 unter 3, 4, 5 §§. 692, 693, 697, 698, §§. 708 bis 727 und §§. 780 bis 795 der Civilprozeß-Ordnung entsprechende Anwendung.

§. 5.

Leistet der Schuldner an den Vollstreckungsbeamten oder den Gerichtsvollzieher Zahlung, so kann er nur Quittung, nicht aber Aushändigung der in §. 3 gedachten Ausfertigung verlangen.

§. 6.

Die in §§. 678 Abs. 3, 681, 698, 723, 724, 726 der Civilprozeß-Ordnung dem Vollstreckungsgerichte vorbehaltenen Entschließungen stehen, wenn die Zwangsvollstreckung durch den Vollstreckungsbeamten einer Verwaltungsbehörde erfolgt, der letzteren zu.

§. 7.

Im Falle der Pfändung bereits gepfändeter Sachen findet, sofern die eine der Pfändungen durch den Vollstreckungsbeamten einer Verwaltungsbehörde und die andere durch einen Gerichtsvollzieher bewirkt ist, die Vorschrift in §. 728 Abs. 1 der Civilprozeß-Ordnung ohne Rücksicht auf die Zeitfolge, in welcher die Pfändungen stattgefunden haben, dergestalt Anwendung, daß die fernere Erledigung des von der Verwaltungsbehörde verfügten Vollstreckungsverfahrens von dem Gerichtsvollzieher zu übernehmen ist.

§. 8.

Im Fall des §. 699 der Civilprozeß-Ordnung hat die Verwaltungsbehörde die zuständige Militärbehörde um Vollziehung der verfügten Zwangsvollstreckung zu ersuchen.

Die gepfändeten Gegenstände sind einem von der Verwaltungsbehörde zu beauftragenden Vollstreckungsbeamten oder Gerichtsvollzieher zu übergeben.

§. 9.

Die von einer Verwaltungsbehörde verfügte Zwangsvollstreckung in Forderungen oder andere Vermögensrechte oder in das unbewegliche Vermögen erfolgt auf Ersuchen der Verwaltungsbehörde durch die Gerichte nach Maßgabe der Civilprozeß-Ordnung.

Als Vollstreckungsgericht ist, dafern nicht die Bestimmung in §. 755 Abs. 1 der Civilprozeß-Ordnung einschlägt, das Amtsgericht zuständig, in dessen Bezirk die ersuchende Verwaltungsbehörde ihren Sitz hat.

Für die in §. 730 Abs. 2 der Civilprozeß-Ordnung vorgeschriebenen Zustellungen hat der Gerichtsschreiber des Vollstreckungsgerichts Sorge zu tragen, sofern nicht die Verwaltungsbehörde erklärt hat, dies selbst thun zu wollen.

§. 10.

Ueber Einwendungen des Zahlungspflichtigen gegen den Anspruch, wegen dessen die Zwangsvollstreckung verfügt worden ist, oder gegen die Zulässigkeit der bezüglichen Verfügung der Verwaltungsbehörde entscheidet die letztere.

Ueber Anträge, Einwendungen und Erinnerungen, welche die Art und Weise der Zwangsvollstreckung oder das bei derselben beobachtete Verfahren betreffen, entscheidet, dafern die Zwangsvollstreckung durch den Gerichtsvollzieher bewirkt wird, das Amtsgericht, in dessen Bezirk das Vollstreckungsverfahren stattfindet, im Falle des §. 9 das in dessen Absatz 2 bezeichnete Vollstreckungsgericht, in allen anderen Fällen die Verwaltungsbehörde, deren Vollstreckungsbeamter mit der Zwangsvollstreckung beauftragt ist.

§. 11.

Zwangsvollstreckungen, welche sich im Geschäftskreise der Bürgermeister in Städten mit der Städteordnung für mittlere und kleinere Städte, sowie der Gemeindevorstände nöthig machen, sind durch die in dem gerade in Frage kommenden Geschäftszweige nächstvorgesetzte Staatsverwaltungsbehörde zu verfügen, insoweit nicht den gedachten Bürgermeistern oder Gemeindevorständen die Vollstreckungsbefugniß durch Verordnung des zuständigen Verwaltungsministeriums übertragen ist.

Die Amtshauptmannschaften und die Stadträthe der Städte, für welche die revidirte Städteordnung gilt, haben in den Fällen, wo sie die Coinspection in Kirchen- und Schulsachen bilden, im Namen der Kirchen- und Schulinspection allein und ohne Zuziehung des Superintendenten oder des Bezirksschulinspectors die erforderlichen Zwangsvollstreckungen zu verfügen. Wo die Coinspection durch die Amtshauptmannschaft und den Stadtrath gebildet wird, hat die Amtshauptmannschaft innerhalb der zum Kirchen- oder Schulbezirk gehörigen Rittergüter und Landgemeinden, der Stadtrath innerhalb des städtischen Gemeindebezirks die Zwangsvollstreckung zu verfügen.

Die Kosten der Zwangsvollstreckung, die von dem Schuldner nicht erlangt werden, sind von Demjenigen zu tragen, in dessen Interesse die Zwangsvollstreckung verfügt worden ist.

§. 12.

Die Kostensätze des Vollstreckungsverfahrens wegen Geldleistungen in Verwaltungssachen werden durch Verordnung geregelt.

Gegenwärtiges Gesetz tritt gleichzeitig mit dem Gerichtsverfassungsgesetze (vergl. jedoch §. 2, Abs. 2) in Kraft.

Urkundlich haben Wir ꝛc.

Gegeben zu Dresden, den 7. März 1879.

(LS.) Albert.

Hermann v. Nostitz-Wallwitz. Dr. Chr. Wilh. Ludw. v. Abeken.

4) Verordnung

zur Ausführung des §. 12 des Gesetzes vom 7. März 1879, die Zwangsvollstreckung wegen Geldleistungen in Verwaltungssachen betreffend vom 2. Mai 1879.

(Ges.- u. Verordn.-Bl. 1879 S. 195.)

Zur Ausführung des §. 12 des Gesetzes, die Zwangsvollstreckung ꝛc. wird verordnet was folgt:

§. 1.

Auf das Vollstreckungsverfahren wegen Geldleistungen in Verwaltungssachen finden das Gerichtskostengesetz vom 18. Juni 1878, die Gebührenordnung für Gerichtsvollzieher vom 24. Juni 1878 und die Gebührenordnung für Zeugen und Sachverständige vom 30. Juni 1878 entsprechende Anwendung, soweit nicht in dem Nachstehenden etwas Anderes bestimmt ist.

§. 2.

Wenn und insoweit die Zwangsvollstreckung durch den Vollstreckungsbeamten der Verwaltungsbehörde erfolgt, ist der unter A beigefügte Tarif in Anwendung zu bringen.

Dresden, den 2. Mai 1879.

Die Ministerien des Innern, des Cultus und öffentlichen Unterrichts, der Justiz und der Finanzen.

A.

Vollstreckungsgebührentarif.

Vorbemerkungen.

1. Die Gebührencolonne wird durch den Gesammtbetrag der rückständigen Geldleistungen und Kosten jedes einzelnen Schuldners bestimmt, auf welchen die amtliche Ausfertigung der auf die Zwangsvollstreckung gerichteten Verfügung lautet.

2. Nach dem Beginne eines Vollstreckungsaktes müssen, sofern in dem Tarife selbst nicht ein Anderes bestimmt ist, die vollen Gebühren bezahlt werden, auch wenn der Akt wegen inzwischen erfolgter Zahlung oder Gestundungsbewilligung nicht zur Ausführung kommt.

3. Die Vollstreckungsgebühren müssen, auch wenn der Vollstreckungsbeamte mehrere Vollstreckungsakte in derselben Gemeinde in unmittelbarer Aufeinanderfolge vorgenommen hat, von jedem Schuldner besonders entrichtet werden. Die Kosten für die öffentliche Bekanntmachung und den Verkauf der gepfändeten Sachen werden jedoch, wenn mehrere Massen zusammengenommen werden, nur einmal nach der Gesammtsumme entrichtet und unter die dabei betheiligten Schuldner nach Verhältniß des aus jeder Masse gewonnenen Erlöses vertheilt.

4. Die im Tarife bestimmten Gebührensätze umfassen die gesammte Thätigkeit des Vollstreckungsbeamten bei der Zwangsvollstreckung einschließlich der im §. 12 unter 1 bis 4 der Gebührenordnung für die Gerichtsvollzieher vom 24. Juni 1878 speciell bezeichneten Mühwaltungen.

5. An baaren Auslagen werden dem Vollstreckungsbeamten die in §. 13 unter 2 bis mit 7 der unter 4 gedachten Gebührenordnung für die Gerichtsvollzieher bezeichneten Kosten vergütet.

6. Bei Vertheilung der Transportkosten und anderen baaren Auslagen, welche mehrere Schuldner gemeinschaftlich zu tragen haben, muß der Vollstreckungsbeamte auf den Werth der Gegenstände, ihren Umfang, ihre Schwere und die sonst obwaltenden Umstände billige Rücksicht nehmen.

7. Reise- und Zehrungskosten werden dem Vollstreckungsbeamten neben den tarifmäßigen Gebühren nicht vergütet.

8. Die Gebühren für die im Falle von §. 716 Abs. 1 der Civilprozeß-Ordnung zuzuziehenden Sachverständigen werden nach den Bestimmungen der Gebührenordnung für Zeugen und Sachverständige vom 30. Juni 1878 in Ansatz gebracht.

Bezeichnung der Mühwaltung.	Gebührensatz wenn die Summe wegen welcher die Vollstreckung vorgenommen wird beträgt:					
	bis 5 M.	über 5 bis 20 M.	über 20 bis 150 M.	über 150 bis 300 M.	über 300 bis 1000 M.	über 1000 M.
	M.	M.	M.	M.	M.	M.
1. Pfändung und Sicherstellung der gepfändeten Sachen, oder Pfändung bereits gepfändeter Sachen (Superarrest)	0,50	1,00	1,50	3,00	4,00	5,00
Wenn der Schuldner dem Vollstreckungsbeamten sofort Zahlung leistet, ingleichen in den §. 691 unter 3 bis 5 der Civ.-Pr.-Ord. bezeichneten Fällen, sowie in dem in §. 4, Abs. 3 der Geb.-Ord. für die Gerichtsvollzieher angegebenen Falle, hat der Vollstreckungsbeamte nur die Hälfte der Gebühr zu beanspruchen.						
2. Freigebung gepfändeter Sachen, sofern dieselben nicht bei Gelegenheit eines anderen Vollstreckungsaktes vorgenommen wird	0,20	0,50	0,75	1,50	1,50	1,50
3. Bekanntmachung der zu versteigernden Sachen (§. 717, Abs. 3, Civ.-Pr.-Ord.)	0,20	0,20	0,50	1,00	1,00	1,00
4. Versteigerung gepfändeter Sachen oder deren Verkauf aus freier Hand	0,50	1,00	1,50	3,00	4,00	5,00
5. Für jedes angefangene Blatt Abschriften aus den Akten des Vollstreckungsbeamten (§. 680 Civ.-Pr.-Ord.)	0,10	0,10	0,10	0,10	0,10	0,10
6. Gebühren eines zu einer Pfändung zugezogenen Zeugen (§. 679 Civ.-Pr.-Ord.)	0,20	0,20	0,40	0,50	1,00	1,50

5) Verordnung

die Behandlung der auf Zwangsvollstreckung wegen Geldleistungen in Verwaltungssachen gerichteten Requisitionen außersächsischer Behörden betreffend vom 1. September 1879.

(Gesetz- und Verordnungs-Blatt 1879 S. 331).

Die Bestimmung in §. 10 unter 4 des Gesetzes unter B., die höheren Justizbehörde u. s. w. betreffend, vom 28. Januar 1835, wonach in Sachsen kein im Auslande gesprochenes Urtheil ohne Genehmigung des Justiz-Ministeriums vollzogen werden darf, ist seither auch auf die Erledigung der auf die Zwangsvollstreckung gerichteten Requisitionen außersächsischer Verwaltungsbehörden in Anwendung gebracht worden.

Da nun mit dem Inkrafttreten des Gesetzes vom 7. März ds. Js., die Zwangsvollstreckung wegen Geldleistungen in Verwaltungssachen betreffend (Ges.- u. Verordn.-Bl. S. 84), die Zwangsvollstreckung wegen Geldleistungen in Verwaltungssachen auf Grund einer, von der zuständigen Verwaltungsbehörde zu erlassenden Verfügung zu erfolgen hat und sonach auch die hauptsächliche Entschließung auf Requisitionen der eingangsgedachten Art im Verwaltungswege zu fassen ist, so fällt von dem gedachten Zeitpunkte an auch die nach §. 10 unter 4 des Gesetzes unter B., die höheren Justizbehörden ꝛc. betreffend, vom 28. Januar 1835, einzuholende ministerielle Entschließung darüber ob den gedachten Requisitionen außersächsischer Verwaltungsbehörden zu entsprechen sei, nicht mehr dem Justizministerium, sondern demjenigen Verwaltungsministerium zu, zu dessen Geschäftsbereiche die betreffende Angelegenheit an und für sich gehört.

Die unteren Verwaltungsbehörden haben daher von dem Inkrafttreten des Gesetzes vom 7. März ds. Js. an, im Falle einer an sie gelangenden, auf Zwangsvollstreckung wegen Geldleistungen in einer Verwaltungssache gerichteten Requisition einer außersächsischen Verwaltungsbehörde die zu deren Erledigung erforderliche ministerielle Genehmigung nicht mehr bei dem Justizministerium, sondern bei dem, der betreffenden Sache nach zuständigen Verwaltungs-Ministerium, beziehentlich durch Vermittelung der ihnen vorgesetzten Mittelbehörde einzuholen.

Hiernach haben sich die in den Ministerien des Innern, des Cultus und öffentlichen Unterrichts und der Finanzen unterstehenden Behörden gebührend zu achten.

Dresden am 1. September 1879.

Die Ministerien des Innern, des Cultus und öffentlichen Unterrichts und der Finanzen.

Anmerkung.

Die Competenzgrenzen

der Königl. Sächs. Polizeibehörden nach Maaßgabe der vorstehend aufgeführten Kgl. Sächs. Landesgesetze und der Bestimmung des §. 453 der Str.-P.-O. sind nunmehr folgende:

1) Die Gemeindevorstände in Landgemeinden nur Geldstrafen bis zu 30 Mark.
2) Die Bürgermeister in mittleren und kleinen Städten, Geldstrafen bis zu 75 Mark und Haftstrafen bis zu 8 Tagen.
3) Die Stadträthe in den Städten mit rev. Städte-Ord.
4) Die Kgl. Amtshauptmannschaften für Landgemeinden, sowie für mittlere und kleine Städte.
5) Die Kgl. Polizeidirektion in Dresden.
6) Die städtischen Polizeiämter in Leipzig u. Chemnitz,

} welche insgesammt bisher

durch §. 4 des Gesetzes, das Verfahren in Verwaltungsstrafsachen betreffend vom 22. April 1873 berechtigt waren, Strafverfügungen auf Geldstrafe bis zur höchsten gesetzlichen Grenze und Haft bis zu 6 Wochen zu erlassen, —

sind nunmehr auf die in §. 453 Str.-Pr.-O. vorgeschriebene Strafgrenze, (also auf Geldstrafen bis zu 150 Mark und Haft bis 14 Tage) beschränkt.

III. Königreich Württemberg.

Gesetz

betreffend Aenderungen des Landespolizeistrafgesetzes vom 27. Dezember 1871 und das Verfahren bei Erlassung polizeilicher Strafverfügungen vom 12. August 1879.

Karl von Gottes Gnaden ꝛc. verordnen ꝛc. was folgt:

I. Aenderungen des Landespolizeistrafgesetzes vom 27. Dezember 1871.

Art. 1.

An Stelle der Art. 46—48 des Gesetzes vom 27. Dezember 1871 treten die nachstehenden Art. 2—5.

Art. 2.

Der Ungehorsam gegen die von einer Behörde innerhalb ihrer Zuständigkeit getroffenen ordnungsmäßig eröffneten Anordnungen kann, soweit nicht besondere gesetzliche Bestimmungen etwas Anderes festsetzen, mit Geldstrafe bis zu einhundert Mark oder Haft bis zu acht Tagen bestraft, und diese Strafe bei fortgesetztem Ungehorsam wiederholt werden.

Die Polizeibehörden sind außerdem befugt, die in Gemäßheit des Absatzes 1 getroffenen Anordnungen durch Anwendung sonstiger gesetzlicher Zwangsmittel zur Ausführung zu bringen.

Art. 3.

Gegen Diejenigen, welche durch ungebührliches Benehmen oder durch ungebührliche Aeußerungen im mündlichen oder schriftlichen amtlichen Verkehr die einer Behörde schuldige Achtung verletzen, kann Geldstrafe bis zu einhundert Mark oder Haft bis zu 3 Tagen verhängt werden.

Art. 4.

Ungehorsam und Ungebühr, deren sich öffentliche Diener in Amtsverhältnissen gegen Vorgesetzte schuldig machen, werden nach den bestehenden Vorschriften im Disciplinarwege geahndet.

Auf Haft kann nur gegen Unterbedienstete erkannt werden. Die Kgl. Staatsregierung ist ermächtigt, die Kategorieen der Unterbediensteten besonders zu bezeichnen.

Art. 5.

Zur Abrügung der in Art. 2, Abs. 1 und Art. 3 bezeichneten Handlungen sind die mit Strafbefugniß versehenen Behörden zuständig, denen gegenüber sie verübt worden sind.

Werden dieselben gegenüber einer Behörde verübt, welcher keine Strafbefugniß zukommt, so sind zu deren Abrügung, wenn es sich um eine Bezirks- oder höhere Stelle handelt, die Oberämter, außerdem die Ortsbehörden zuständig.

Die von den Ortsbehörden (Ortsvorstehern und Gemeinderäthen) gemäß Art. 2 Abs. 1 und Art. 3 zu verhängenden Strafen dürfen im einzelnen Fall die in Art. 11 festgesetzte Strafbefugniß des Ortsvorstehers nicht überschreiten.

Wenn im einzelnen Fall die Strafbefugniß der Ortsbehörden nicht ausreicht, so ist die Zuständigkeit des Oberamts, und in Angelegenheiten, welche der gerichtlichen Beaufsichtigung unterliegen, des Amtsgerichts begründet.

Die mit Strafbefugniß versehenen Bezirksstellen sowie die Collegialbehörden sind befugt, auf das höchste Maß der in Art. 2 Abs. 1 und Art. 3 festgesetzten Strafen zu erkennen.

Den Bestraften steht die sofortige Beschwerde bei der nächst höheren Behörde gegen alle Straferkenntnisse einer Gemeindebehörde oder Bezirksstelle, und bei dem Verwaltungsgerichtshof gegen Straferkenntnisse der Verwaltungskollegien zu, in welchen auf Geldstrafe von mehr als fünfzig Mark oder auf Haft erkannt worden ist. Gegen Straferkenntnisse des Verwaltungsgerichtshofs, des Competenzgerichtshofs und des Disciplinarhofs, des Geheimenraths sowie des Staatsministeriums findet eine Beschwerde nicht statt. Auf die Beschwerde finden die Bestimmungen der Reichsstrafprozeßordnung über die sofortige Beschwerde entsprechende Anwendung. Dieselbe hat aufschiebende Wirkung; jedoch kann eine wegen Ungebühr erkannte Haftstrafe sofort bis zu vierundzwanzig Stunden vollzogen werden, wenn die Aufrechthaltung des obrigkeitlichen Ansehens die ungesäumte Bestrafung erfordert.

Art. 6.

Mit Geldstrafe bis zu dreißig Mark und im Falle des Unvermögens mit Haft bis zu acht Tagen wird bestraft, wer eines der in §. 59 der Reichsgewerbeordnung bezeichneten Gewerbe, zu welchem er für den Bezirk legitimirt ist, in einem Ort ohne Erlaubniß der Ortsbehörde oder mit Außerachtlassung der von derselben gegebenen Vorschriften ausübt.

Art. 7.

Der Art. 36 Abs. 1 Ziffer 3 des Polizeistrafgesetzes vom 27. Dezember 1871 erhält folgende Fassung:

3. Bäume oder Sträucher, welche in Gärten, Obstanlagen, Aeckern oder sonst außerhalb des Waldes stehen, oder Hecken oder andere zur Einfassung von Grundstücken dienende Anpflanzungen, desgleichen Uferholzpflanzungen abhaut, abbricht, ausreißt, ausrodet, oder sonst beschädigt, wofern nur ein unbedeutender Schaden entstanden ist und nur ein solcher beabsichtigt war.

Art. 8.

Den Kreisregierungen steht zu, Personen, welche nach Maßgabe des §. 362 des Reichsstrafgesetzbuches der Landespolizeibehörde überwiesen werden, in einem Arbeitshause unterzubringen, und die in einem solchen Untergebrachten vor der festgesetzten Zeit zu entlassen.

II. Verfahren der Polizeibehörden bei Erlassung polizeilicher Strafverfügungen in Gemäßheit des §. 453 der Reichsstrafprozeßordnung

Art. 9.

Die Polizeibehörden sind befugt, nach Maßgabe des §. 453 der Reichsstrafprozeßordnung und der folgenden Bestimmungen die in den Strafgesetzen gegen Uebertretungen (§. 1 Abs. 3 des Reichsstrafgesetzbuchs) angedrohten Strafen, sowie eine etwa verwirkte Einziehung durch Verfügung festzusetzen.

Wird eine Geldstrafe festgesetzt, so ist zugleich die Dauer der für den Fall, daß die Geldstrafe nicht beigetrieben werden kann, an die Stelle derselben tretenden Haft zu bestimmen. Dies hat zu unterbleiben, wenn die Geldstrafe baar hinterlegt oder ihre Beitreibung zweifellos sicher ist.

Art. 10.

Wenn die verwirkte Strafe die im Art. 11 festgesetzte Strafbefugniß des Ortsvorstehers nicht übersteigt, kommt die Erlassung der polizeilichen Strafverfügung dem Ortsvorsteher in nachstehenden Fällen zu:

1. in Beziehung auf die Uebertretungen des Reichsstrafgesetzbuchs in §. 360, Ziff. 10, sofern nicht die dort bezeichnete Aufforderung von einem Beamten des Oberamts ausgegangen ist, Ziff. 11, 12 und 13,

   §. 361, Ziff. 4, mit Beschränkung auf Uebertretungen im Wohnorte des Bettelnden, Ziff. 5, 7, 8 und 9, soweit es sich in Ziff. 9 um Verletzung der Gesetze zum Schutze der Feldfrüchte (Art. 36 des Polizeistrafgesetzes vom 27. Dezember 1871 und Art. 7 des gegenwärtigen Gesetzes) handelt, §. 365, 366,

§. 367 Ziff. 9, 12, 13, 14 und 15, sofern es sich bei Ziff. 14 und 15 um einen der Genehmigung der Ortsbehörde unterliegenden Bau rc. handelt,

§. 368 Ziff. 1, 2, 3, soweit die polizeiliche Erlaubniß bei der Ortsbehörde einzuholen war, Ziff. 5, 6, 8 und 9, bei Ziff. 8 mit der Beschränkung auf Uebertretungen in Betreff der Feuerlöschgeräthschaften, und bei Ziff. 6 und 9, soweit die betreffenden Grundstücke nicht Theile eines Waldes sind, endlich in §. 370 Ziff. 1 und 2 unter derselben Voraussetzung wie bei §. 368 Ziff. 6 und 9:

2. in Beziehung auf die Uebertretungen des Polizeistrafgesetzes vom 27. Dezember 1871 in

Art. 7 Ziff. 2 und 7,

Art. 15 Ziff. 2, Art. 16,

Art. 17, sofern die Erlaubniß bei der Ortsbehörde einzuholen war,

Art. 18, soweit es sich um ortspolizeiliche Anordnungen handelt,

Art. 19, 20, 21, 22, 23, 24,

Art. 25 Ziff. 1, soweit es sich um Verfehlungen gegen örtliche Begräbnißordnungen handelt,

Art. 29, 30, 32 Ziff. 1, 2, 4 und 5, soweit im Falle der Ziff. 5 die Uebertretungen gegen ortspolizeiliche Vorschriften gerichtet sind,

Art. 33 Ziff. 2, Art. 34, 35, 36, 37 und 43,

ferner bei den Uebertretungen

3. des §. 148 Ziff. 1 und 8 der Reichsgewerbeordnung, sofern die Taxen von der Ortsbehörde festgesetzt oder genehmigt sind,

   und des §. 149 Ziff. 6 derselben, sowie des Art. 6 des gegenwärtigen Gesetzes,

4. des Art. 9 des Gesetzes vom 29. September 1836, betreffend die Volksschulen,

5. der Art. 3 und 4 des Gesetzes vom 4. September 1855, betreffend den Schutz des Waldeigenthums,

6. des Art. 93 der Bauordnung vom 6. Oktober 1872, soweit es sich um einen der Genehmigung der Ortsbehörden unterliegenden Bau u. s. w. handelt,

7. des Art. 84 des Gesetzes über Ausübung und Ablösung der Waidrechte vom 26. März 1873,

8. des Art. 23 Abs. 3 des Gesetzes vom 17. April 1873 zur Ausführung des Reichsgesetzes über den Unterstützungswohnsitz,

9. des §. 14 Abs. 1 des Reichs-Impfgesetzes vom 8. April 1874, sofern das in §. 12 jenes Gesetzes genannte amtliche Erfordern von der Ortsbehörde ausgegangen ist,

10. des §. 33 Abs. 1 des Reichs-Militärgesetzes vom 2. Mai 1874, soweit es sich um Unterlassung der vorgeschriebenen Meldungen zu den Stammrollen handelt,
11. bei der in §. 68 Abs. 1 des Reichsgesetzes über die Beurkundung des Personenstandes und die Eheschließung vom 6. Februar 1875 mit Strafe bedrohten Uebertretung des §. 24 jenes Gesetzes.

Art. 11.

Die Befugniß der Ortsvorsteher zu polizeilichen Strafverfügungen erstreckt sich:

in Gemeinden 3. Klasse bis zu zwei Tagen Haft und Geldstrafe von zwölf Mark,

in Gemeinden 2. Klasse und in den unter Staatsaufsicht gestellten Gemeinden bis zu vier Tagen Haft und Geldstrafe von vierundzwanzig Mark,

in Gemeinden 1. Klasse bis zu sechs Tagen Haft und Geldstrafe von sechsunddreißig Mark.

Haft von längerer Dauer kann durch Strafverfügungen der Ortsvorsteher auch nicht an Stelle einer nicht beizutreibenden Geldstrafe festgesetzt werden.

Anwälte von Theilgemeinden sind befugt, in den Fällen des Art. 4 des Gesetzes vom 17. September 1853, betreffend die Verhältnisse der zusammengesetzten Gemeinden, durch Strafverfügungen Geldstrafe bis zu dem Betrage von sechs Mark sowie die an die Stelle der Geldstrafe tretende Haft, jedoch nicht über einen Tag, festzusetzen.

Art. 12.

Die Eisenbahnstellen sind befugt, wegen der in den bahnpolizeilichen Vorschriften mit Strafe bedrohten Uebertretungen Strafverfügungen auf Geldstrafe bis zu dreißig Mark, sowie die an die Stelle der Geldstrafe tretende Haft zu erlassen.

Art. 13.

Der Hafendirektor in Friedrichshafen ist befugt, wegen der in Art. 44 des Landespolizeistrafgesetzes vom 27. Dezember 1871 bezeichneten Uebertretung in Betreff der Sicherheit und Ordnung der Schifffahrt auf dem Bodensee und der Hafenordnungen polizeiliche Strafverfügungen auf Haft bis zu drei Tagen oder Geldstrafe bis zu achtzehn Mark sowie die an Stelle der Geldstrafe tretende Haft zu erlassen.

Hält er eine diese Strafbefugniß überschreitende Strafe für verwirkt, so hat er die Anzeige dem Amtsanwalt zu übergeben.

Art. 14.

Soweit nicht durch Gesetze etwas Anderes bestimmt ist, steht bei allen übrigen Uebertretungen den Oberämtern die Befugniß zur Erlassung einer polizeilichen Strafverfügung insoweit zu, als die verwirkte Strafe das in §. 453 der Reichsstrafprozeßordnung bezeichnete Strafmaß nicht übersteigt.

Art. 15.

Wenn der Ortsvorsteher wegen einer der im Art. 10 bezeichneten Uebertretungen eine seine Strafbefugniß überschreitende Strafe für begründet erachtet, so hat er die Anzeige dem Oberamt vorzulegen. Letzteres darf, auch wenn es hinsichtlich der verwirkten Strafe anderer Ansicht ist, die Sache nicht an den Ortsvorsteher zurückweisen. Wenn das Oberamt, entweder weil es eine seine Strafbefugniß überschreitende Strafe für verwirkt hält, oder weil es Bedenken findet, die Strafe durch Verfügung festzusetzen; ebenso wenn eine der in Art. 12 und 13 genannten Stellen aus gleichen Gründen die Sache an den Amtsanwalt abgegeben hat, so muß der Fall von diesem nach den Vorschriften der Reichsstrafprozeßordnung zur Erledigung gebracht werden, ohne daß eine Zurückgabe an die Polizeibehörde stattfindet.

Art. 16.

Polizeiliche Strafverfügungen können wegen solcher Uebertretungen nicht erlassen werden, wegen deren die Staatsanwaltschaft öffentliche Klage erhoben hat, oder wegen deren nach den Bestimmungen des §. 211 der Reichsstrafprozeßordnung zur Hauptverhandlung vor dem Schöffen- bezw. Amtsgericht geschritten wird.

Wenn nach Erlassung, aber vor dem Eintritt der Vollstreckbarkeit der polizeilichen Strafverfügung von dem Staatsanwalt oder dem Gericht in der oben bezeichneten Weise eingeschritten wird, so tritt die Strafverfügung außer Wirkung.

Art. 17.

Bezüglich der örtlichen Zuständigkeit der Polizeibehörden finden die §§. 7 ff. der Reichsstrafprozeßordnung entsprechende Anwendung.

Art. 18.

Zur Vorbereitung der Strafverfügung stehen den Polizeibehörden die in §. 159 der Reichsstrafprozeßordnung der Staatsanwaltschaft eingeräumten Befugnisse zu.

Art. 19.

Die Strafverfügung ist dem Beschuldigten entweder mündlich zu Protokoll zu eröffnen oder in Abschrift zuzustellen. Ersteren Falls ist auf Verlangen dem Beschuldigten eine Abschrift zu ertheilen.

Die Vorladung eines ortsabwesenden Beschuldigten ausschließlich zum Zwecke der Eröffnung einer Strafverfügung ist unzulässig.

Die Zustellung erfolgt im Verfahren bei Erlassung polizeilicher Strafverfügungen entweder gegen einfache Empfangsbescheinigung, welche im

Weigerungsfalle durch die amtliche Beurkundung der Uebergabe ersetzt wird, oder durch Postsendung mit Behändigungsschein.

Art. 20.

Dem Beschuldigten steht gegen die Strafverfügung außer dem Antrag auf gerichtliche Entscheidung einmalige Beschwerde und zwar gegen die Entscheidungen der Ortsvorsteher an die Oberämter, gegen die Entscheidungen der Oberämter und des Hafendirektors in Friedrichshafen an die Kreisregierungen und gegen die Entscheidung einer Eisenbahnstelle an die höhere Eisenbahnstelle zu.

Die Beschwerde muß binnen einer Woche nach der Bekanntmachung bei der Polizeibehörde, welche die Verfügung erlassen hat, mündlich zu Protokoll oder schriftlich angebracht und sofort oder binnen einer weiteren Woche von rechtzeitig erfolgter Einlegung des Rechtsmittels an gerechnet gerechtfertigt werden. Der Beschuldigte ist hierüber bei der Eröffnung oder Zustellung der Strafverfügung zu belehren.

Gegen die Versäumung der Beschwerdefrist ist unter den in dem §. 44 der Reichsstrafprozeßordnung bezeichneten Voraussetzungen Wiedereinsetzung in den vorigen Stand zulässig.

Dieselbe ist bei der Polizeibehörde, welche die Strafverfügung erlassen hat, nachzusuchen; im Uebrigen findet §. 45 der Reichsstrafprozeßordnung entsprechende Anwendung.

Ueber das Gesuch um Wiedereinsetzung entscheidet die angerufene höhere Behörde.

Die Ergreifung des einen Rechtsmittels hat den Ausschluß des andern zur Folge, was dem Beschuldigten in der Strafverfügung eröffnet werden muß.

Wenn von mehreren Theilnehmern einer Uebertretung nach Erlassung einer Strafverfügung Einer die Beschwerde an die höhere Verwaltungsbehörde ergreift, während ein anderer auf gerichtliche Entscheidung anträgt, o darf über die Beschwerde erst nach ergangenem Urtheile entschieden werden.

Art. 21.

Durch die Entscheidung auf die Beschwerde kann die in der Strafverfügung festgesetzte Strafe aufrecht erhalten oder aufgehoben oder durch eine niedrigere Strafe ersetzt werden.

Art. 22.

Eine Strafverfügung wird vollstreckbar:

1. wenn nach deren vorschriftsmäßigen Eröffnung der Beschuldigte seine Unterwerfung unter dieselbe erklärt hat;
2. wenn die gesetzliche Frist verstrichen ist, ohne daß ein Antrag auf gerichtliche Entscheidung gestellt, oder gemäß Art. 20, Abs. 2 Beschwerde angebracht worden ist;

3. wenn der Antrag auf gerichtliche Entscheidung von dem Beginn der Hauptverhandlung zurückgenommen oder auf die erhobene Beschwerde vor der Eröffnung der Entscheidung über dieselbe verzichtet worden ist;
4. nach Eröffnung der die Strafe ganz oder theilweise aufrecht haltenden Entscheidung über die Beschwerde.

Für den Fall der Anbringung eines Gesuchs um Wiedereinsetzung in den vorigen Stand gegen die Versäumung der Frist zur Stellung des Antrags auf gerichtliche Entscheidung oder zur Beschwerdeerhebung sind die Bestimmungen des §. 47 der Reichsstrafprozeßordnung entsprechend anzuwenden.

Art. 23.

Die Strafverfügung ist von der Behörde, welche in erster Instanz eine solche ausgesprochen hat, bezw., falls eine Eisenbahnstelle oder der Hafendirektor die Strafe festgesetzt hat, von dem Oberamt des Bezirks, in welchem sich diese Stelle befindet, zu vollstrecken.

Hiebei stehen den Polizeibehörden die Befugnisse des §. 489 der Reichsstrafprozeßordnung mit der Maßgabe zu, daß Steckbriefe nur von den Oberämtern erlassen werden können; auch finden die §§. 487, 488 und 493 der Reichsstrafprozeßordnung entsprechende Anwendung.

Beschwerden über den Vollzug von Strafverfügungen gehen an die der vollziehenden Behörde vorgesetzte Stelle.

Art. 24.

Ist die polizeiliche Strafverfügung vollstreckbar geworden (Art. 22, Abs. 1), so findet wegen der nämlichen Handlung eine fernere Anschuldigung nicht statt, es sei denn, daß die Handlung keine Uebertretung, sondern ein Vergehen oder Verbrechen darstellt.

Art. 25.

Ueber etwa erwachsene Kosten ist in der Strafverfügung zu entscheiden, und finden hiebei die Bestimmungen der §§. 496 ff. der Reichsstrafprozeßordnung entsprechende Anwendung.

Wenn der Angeklagte gerichtlich verurtheilt wird, so hat er die in dem Verfahren im Verwaltungswege entstandenen Kosten zu tragen.

In Absicht auf den Bezug der Geldstrafen und der eingezogenen Gegenstände, sowie in Absicht auf die Tragung der Kosten des Strafvollzugs bei unvermöglichen Strafgefangenen hat es bei den geltenden Bestimmungen sein Verbleiben.

III. Schlußbestimmungen.

Art. 26.

Das gegenwärtige Gesetz tritt gleichzeitig mit der Reichsstrafprozeßordnung in Kraft.

Von diesem Zeitpunkt ab treten die Art. 58—66 des Gesetzes vom 27. Dezember 1871, sowie alle sonstigen mit dem gegenwärtigen Gesetze in Widerspruch stehenden gesetzlichen Bestimmungen außer Kraft.

Die am Tage des Inkrafttretens der Reichsstrafprozeßordnung bei den Polizeibehörden anhängigen Untersuchungen, in welchen ein Erkenntniß in erster Instanz noch nicht beschlossen worden ist, sind, soweit nicht nach Art. 9 und ff. dieses Gesetzes eine polizeiliche Strafverfügung zulässig ist, an die nach der Reichsstrafprozeßordnung und dem Reichsgerichtsverfassungsgesetze zuständigen Amtsanwälte abzugeben.

Ist eine polizeiliche Strafverfügung zulässig, so hat die nach den Bestimmungen dieses Gesetzes hiezu zuständige Behörde hierüber sich schlüssig zu machen, und sind zu diesem Zwecke, falls die Untersuchung bei einer anderen Behörde anhängig ist, die Akten zur Verfügung des Weiteren an sie abzugeben.

Das weitere Verfahren regelt sich nach den Vorschriften dieses Gesetzes.

Die vor dem Einführungstage der Reichsstrafprozeßordnung beschlossenen Erkenntnisse der Polizeibehörden werden nach den bisherigen Bestimmungen eröffnet, auch finden gegen sie die Rechtsmittel nach den bisher giltigen Rechte statt.

Unsere sämmtlichen Ministerien sind mit der Vollziehung dieses Gesetzes beauftragt.

Gegeben Schloß Friedrichshafen, den 12. August 1879.

Karl.

Mittnacht. Renner. Geßler. Sick. Faber.

IV. Großherzogthum Baden.

1) Gesetz
vom 3. März 1879 die Einführung der Reichs-Justizgesetze im Großherzogthum Baden betreffend.

(Gesetz- und Verordnungs-Bl. 1879 S. 91.)

Strafrechtspflege.

A. Staatspolizeibehörden.

§. 124.

Die Bezirkspolizeibehörden sind befugt, bei Uebertretungen die in den Strafgesetzen angedrohten Strafen nach Maßgabe von §. 452 der Strafprozeßordnung festzusetzen und zu vollstrecken.

§. 125.

Bezüglich der örtlichen Zuständigkeit der Polizeibehörden finden die §§. 7 und folgende der Strafprozeßordnung entsprechende Anwendung.

§. 126.

Den Bezirkspolizeibehörden stehen hinsichtlich des zur Vorbereitung der Strafverfügung erforderlichen Verfahrens die in §. 189 der Strafprozeßordnung erwähnten Befugnisse der Staatsanwaltschaft zu.

§. 127.

Bei Uebertretungen in Bezug auf Eisenbahnen (§. 62 des Reichs-Bahnpolizeireglements vom 4. Januar 1875, bad. Ges.-Bl. Nr. **VII.**), und §. 157 des badischen Polizeistrafgesetzbuches (bad. Ges.-Bl. von 1871 Nr. **LVIII.**), steht die in §. 124 erwähnte Befugniß, jedoch nur bezüglich für verwirkt erachteter Geldstrafen, den Bahnhofsvorständen, und bei Uebertretungen der Verordnungen für die Häfen und Ein- und Ausladeplätze am Rhein und an dessen Nebenflüssen sowie am Bodensee der mit Verwaltung des Hafens beauftragten Finanzbehörde zu.

§. 128.

Gegen die Strafverfügungen der in den §§. 124 und 127 genannten Behörden steht dem Beschuldigten außer dem Antrag auf gerichtliche Entscheidung die Beschwerde an die höhere Polizei-, bezw. Eisenbahn- oder Finanzbehörde zu.

Diese Beschwerde muß binnen einer Woche nach Bekanntmachung der Strafverfügung bei der Behörde, welche dieselbe erlassen hat, mündlich oder schriftlich unter Bezeichnung der Beschwerdepunkte angezeigt und gerechtfertigt werden.

Gegen eine Versäumung der Beschwerdefrist ist unter den in den §§. 44 und 45 der Strafprozeßordnung bezeichneten Voraussetzungen Wiedereinsetzung in den vorigen Stand zulässig.

Die Ergreifung des einen Rechtsmittels hat den Verlust des andern zur Folge.

§. 129.

Bezüglich der Kosten finden bei Erledigung der Sache im Verwaltungswege die §§. 496 und folgende der Strafprozeßordnung entsprechende Anwendung.

Im Uebrigen wird das Verfahren im Verwaltungswege durch Verordnung geregelt.

B. Bürgermeister.

§. 130.

An Orten, woselbst die Handhabung der Ortspolizei dem Bürgermeister übertragen ist, kann dieser wegen folgender Uebertretungen:

a. Strafgesetzbuch §. 360, Z. 11 und 13, §. 361, Z. 4 und 9 hinsichtlich der Begehung strafbarer Verletzungen der Gesetze zum Schutze der Feldfrüchte; §. 365, §. 366, §. 367, Z. 12, §. 368, Z. 1, 2 und 4—9;

b. Badisches Polizeistrafgesetzbuch §. 49 Abs. 1. §§. 52, 56—59, 74 bis 78, 95, 96, Z. 2, 100, 103, Abs. 3, 108, Z. 5, 109, Z. 2, 114, Z. 4 und 5, 120, wenn nicht Landstraßen in Frage stehen, 121—124, 132, 134 b., 136, 143, 144, 145 und 147;

c. §. 5 der zum Vollzuge des §. 111 der Gemeindeordnung ergangenen Verordnung vom 22. Januar 1833 (Reg.-Bl. Nr. VI.) über die Veräußerung von Bürgerholzgaben;

d. §. 148, Ziff. 1 und §. 149, Ziff. 6 der Reichsgewerbeordnung (R.-G.-Bl. 1871 Nr. 35, Bad. Ges.-Bl. 1871 Nr. XLIV.);

e. Art. 51 des Wassergesetzes vom 25. August 1876 (Ges.-Bl. Nr. XXXVI.), wenn sie innerhalb der Gemarkung verübt sind, die gesetzlich angedrohten Strafen, jedoch nicht in höherem Betrage als bis zu 2 Tagen Haft oder bis zu 10 Mark und in Städten von mehr als 3000 Einwohnern bis zu 30 Mark Geldstrafe nach Maßgabe von §. 453 der Strafprozeßordnung durch Verfügung festsetzen und vollstrecken.

§. 131.

Der Bürgermeister kann jedoch gegen die unmittelbar Vorgesetzten überhaupt keine Strafe und gegen Standesherren und Grundherren der Gemarkung, sowie gegen Staatsbeamte, standes- und grundherrliche Beamte, Geistliche, Schullehrer, Förster, insofern sie in ihrem Dienstbezirk eine Uebertretung begehen, keine Haftstrafe erkennen.

§. 132.

Hält der Bürgermeister eine seine Befugniß übersteigende Strafe für verwirkt, oder steht ihm gegen den Angezeigten eine Befugniß zur Strafverfügung nicht zu, so hat er Vorlage an die Bezirkspolizeibehörde zu machen.

§. 133.

Die Bestimmungen der §§. 128 und 129 finden auch auf die den Bürgermeistern überlassenen Fälle entsprechende Anwendung. Die Beschwerde im Verwaltungswege geht an die Bezirkspolizeibehörde.

§. 134.

Auch wenn gerichtliche Entscheidung gegen die Strafverfügung des Bürgermeisters beantragt wird, hat dieser, falls er nicht die Strafverfügung zurücknimmt, die Akten der Bezirkspolizeibehörde vorzulegen. Diese übersendet, wenn sie nicht die Strafverfügung aufhebt, die Akten der zuständigen Staatsanwaltschaft, welche sie dem Amtsrichter vorlegt.

§. 135.

Die Bezirkspolizeibehörde kann auch in Fällen, für welche der Bürgermeister zuständig ist, die Strafe selbst festsetzen, wenn entweder der Bürgermeister nicht einschreitet oder ihr eine dessen Befugnisse übersteigende Strafe verwirkt scheint.

Letzterenfalls findet jedoch, wenn der Bürgermeister bereits eine Strafverfügung erlassen hat, eine Uebernahme der Sache durch die Bezirkspolizeibehörde nicht mehr statt, sobald gerichtliche Entscheidung beantragt oder die Strafverfügung des Bürgermeisters durch unbenützten Fristablauf oder ausdrückliche Unterwerfung vollzugsreif geworden ist.

B. Hundstaxen und Gemeindeabgaben.

§. 141.

Bei Zuwiderhandlungen gegen die Vorschriften über Entrichtung von Hundstaxen (Gesetz vom 21. November 1867, Reg.-Bl. Nr. LIV., bezw.

vom 22. Mai 1876, Ges.-Bl. Nr. XIX.) sind die Bezirksverwaltungsbehörden (Bezirksämter) befugt, die Strafen nach Maßgabe von §. 459 der Strafprozeßordnung festzusetzen und zu vollstrecken.

§. 142.

In dem Gesetze vom 18. Dezember 1867 (Reg.-Bl. 1868 Nr. I.) über die Bestrafung der Vorenthaltung von Gemeindeabgaben wird Absatz 1 des §. 3 gestrichen und §. 4 also gefaßt:

„Bei Zuwiderhandlungen gegen dieses Gesetz kann der Bürgermeister (auch wo ihm die Handhabung der Ortspolizei nicht übertragen ist) die Strafe nach Maßgabe des §. 459 der Strafprozeßordnung festsetzen und vollstrecken."

§. 143.

Gegen die nach den beiden vorhergehenden Paragraphen erlassenen Strafbescheide der Bezirksverwaltungsbehörden bezw. Bürgermeister findet außer dem Antrag auf gerichtliche Entscheidung die Beschwerde im Verwaltungswege nach Maßgabe der §§. 128 und 133 statt. Der §. 129 findet auch hier Anwendung.

Gegeben zu Karlsruhe, den 3. März 1879.

Friedrich.

Auf Seiner Königlichen Hoheit höchsten Befehl:

Gaier.

2) Verordnung

vom 11. September 1879 das Polizei- und Finanzstrafverfahren bei den Bezirksämtern und Bürgermeistern betreffend.

Ges.- und Verordn.-Bl. 1879 S. 613.

Zum Vollzuge der §§. 124 bis 135 und 141 bis 143 des Gesetzes „die Einführung der Reichsjustizgesetze im Großherzogthum Baden betreffend" vom 3. März 1879 (Ges.- u. Verordn.-Bl. Nr. X.) wird unter Bezugnahme auf §. 147 Ziff. 4 dieses Gesetzes sowie unter Aufhebung der diesseitigen Verordnung vom 5. September 1854 mit Wirksamkeit vom 1. Oktober d. J. an verordnet, was folgt:

I. Polizeistrafverfahren.

A. Bezirksämter.

§. 1.

Sämmtliche Anzeigen wegen Uebertretungen im Sinne des §. 1 Abs. 3 des Reichsstrafgesetzbuchs sind vorbehaltlich nachstehender Ausnahmen an das Bezirksamt als Bezirkspolizeibehörde zu richten.

Ausgenommen bleiben die Anzeigen
1. wegen Uebertretungen, welche sich nach Maßgabe des §. 127 des Einführungsgesetzes zur Erledigung durch die Bahnhofsvorstände bezw. Hafenaufsichtsbehörde oder nach §. 130 ebendaselbst zur Erledigung durch die Bürgermeister eignen;
2. wegen Uebertretungen, für welche ein besonderes Strafverfahren gesetzlich vorgeschrieben ist.

§. 2.

Die Anzeigen sind in der Regel an dasjenige Bezirksamt zu richten, in dessen Bezirk die Uebertretung begangen wurde. Ist die Anzeige an das Bezirksamt des Wohnsitzes des Angezeigten (§. 8 der Str.-Pr.-Ord.) gemacht, die Uebertretung aber in einem andern Bezirk verübt worden, so ist die Anzeige dem Amte des letzteren Bezirks zur Erledigung zu übermitteln; nur aus Gründen überwiegender Zweckmäßigkeit soll hievon abgesehen werden.

§. 3.

Die Anzeigen können entweder beim Bezirksamt unmittelbar oder bei den Beamten des Polizei- und Sicherheitsdienstes mündlich oder schriftlich angebracht werden.

§. 4.

Die Bezirksämter haben die nach den §§. 1 bis 3 an sie gelangten Anzeigen, wenn sie dieselben sofort oder nach dem Ergebniß der angestellten Erhebungen für begründet finden und ihnen eine Geldstrafe oder Haftstrafe bis zu 14 Tagen oder eine derartige Strafe nebst Einziehung verwirkt erscheint, durch polizeiliche Strafverfügung zu erledigen.

In Fällen, in welchen das Bezirksamt eine höhere Haftstrafe oder neben einer Haftstrafe zugleich die Ueberweisung des Angezeigten an die Landespolizeibehörde für angemessen erachtet, und ebenso dann, wenn ohne Vornahme richterlicher Untersuchungshandlungen (Beschlagnahme von Briefen, Durchsicht der Papiere, §§. 99 und 110 der Str.-Pr.-Ordn. 2c.) der Sachverhalt nicht hinreichend aufgeklärt werden kann, sowie bei Uebertretung des Reichsgesetzes über die Presse vom 7. Mai 1874 (vgl. §. 29 dieses Gesetzes) ist die Anzeige an den Amtsanwalt behufs Uebernahme der Verfolgung abzugeben. Etwa vorhandene Vorakten, welche für die Beurtheilung des Falls von Erheblichkeit sind, oder sonstige sachdienliche Mittheilungen sind bei der Abgabe anzufügen.

Auch in anderen Fällen steht dem Bezirksamte zu, wenn es die Sache ihrer Bedeutung oder Beschaffenheit nach nicht als zur Erledigung im Wege der Strafverfügung geeignet hält, dieselbe an den Amtsanwalt abzugeben; die Abgabe aus diesem Grunde soll aber nur ausnahmsweise geschehen.

Anzeigen von Uebertretungen gegen Personen, welche der Militärgerichtsbarkeit unterstehen, sind, sofern die begangene Uebertretung nicht ausschließlich mit Geldstrafe oder Einziehung bedroht ist, den Militärbehörden zu übermitteln (§. 3 der Militärstrafgerichtsordnung).

§. 5.

Hat der Angezeigte außer der Uebertretung auch ein Verbrechen oder Vergehen begangen und die Staatsanwaltschaft sofort die Verfolgung der Uebertretung mitübernommen, so hat sich das Bezirksamt des Einschreitens wegen der letzteren zu enthalten.

Hat der Angezeigte durch eine und dieselbe Handlung ein Verbrechen oder Vergehen und zugleich eine Uebertretung begangen, so gilt, sofern die Staatsanwaltschaft auch die letztere verfolgt, das Gleiche.

Liegen dem Bezirksamt mehrere Anzeigen wegen verschiedener Uebertretungen gleichzeitig gegen dieselbe Person vor, so kann dasselbe für jede einzelne Uebertretung in besonderer Strafverfügung eine Strafe bis zu 14 Tagen Haft festsetzen oder nur eine Strafverfügung erlassen; letzterenfalls ist die Strafe nach Maßgabe der dem Amt zustehenden Strafbefugnisse für jede einzelne Uebertretung speziell anzuführen, und in beiden Fällen darf der Gesammtbetrag der einzelnen Haftstrafen 3 Monate nicht übersteigen.

§. 6.

Die Bezirksämter können, wenn sie die Verfolgung einer Anzeige nicht für begründet erachten, die Anzeige für beruhend erklären, oder, wenn Ermittelungen angestellt wurden, solche aber einen genügenden Anlaß zur Verfolgung nicht gegeben haben, das Verfahren einstellen.

Wenn dies in einem Falle geschieht, in welchem ein Antrag auf Verfolgung gestellt ist, so ist dem Antragsteller der amtliche Beschluß unter Angabe der Gründe zu eröffnen. Ist der Antragsteller zugleich der Verletzte, so steht ihm die Beschwerde an die höhere Polizeibehörde zu.

§. 7.

Anzeigen gegen Personen, deren Aufenthaltsort unbekannt und nicht zu ermitteln ist, oder gegen Personen, welche sich außerhalb des deutschen Reichsgebiets befinden, sind, wenn sie sich nicht nach §. 4 Abs. 2 und 3 zur Abgabe an den Amtsanwalt eignen, bis auf Betreten des Angezeigten beruhen zu lassen.

Oeffentliche Ausschreiben behufs Eröffnung von Strafverfügungen an Abwesende im Falle ihres Betretens haben zu unterbleiben.

§. 8.

Zur Vorbereitung der Strafverfügung können die Bezirksämter von allen öffentlichen Behörden Auskunft verlangen und Ermittlungen jeder Art, mit Ausschluß eidlicher oder handgelübdlicher Vernehmungen, entweder selbst vornehmen oder durch die Behörden und Beamten des Polizei- und Sicherheitsdienstes vornehmen lassen.

Beschlagnahmen und Durchsuchungen (§§. 94 bis 98 und 102 bis 109 der Str.-Pr.-Ordn.) können bei Gefahr im Verzuge durch die in §. 1 b., c., d. der landesherrlichen Verordnung vom 17. Juli 1879 bezeichneten Polizei- und Sicherheitsbeamten vorgenommen werden.

Auf die Vorladung der Angezeigten, der Zeugen und Auskunftspersonen findet §. 32 Abs. 2 der landesherrlichen Verordnung vom 12. Juli 1864 (Regierungsbl. Seite 333) Anwendung.

Für die vorläufige Festnahme sind die §§. 127 und 128 der Str.-Pr.-Ordn. maßgebend.

§. 9.

Die Bezirksämter machen über die Ergebnisse ihrer Nachforschungen und Erhebungen, soweit nöthig, kurze auf das Wesentlichste beschränkte Aufzeichnungen.

§. 10.

Ist nach der Ansicht des Bezirksamts der Untersuchungsverhaft (§. 113 der Str.-Pr.-Ordn.) gegen den Angezeigten zu verhängen, so ist — unter Vorführung desselben vor den Amtsrichter — die Erlassung eines Haftbefehls (§. 128 der Str.-Pr.-Ordn.) zu erwirken.

Wird der Haftbefehl erlassen, so ist der Fall zur weiteren Verfolgung an den Amtsanwalt abzugeben, sofern nicht anzunehmen ist, daß er innerhalb der zweiwöchentlichen Frist des §. 126 der Str.-Pr.-Ordn. erledigt werden kann.

Wird die Freilassung verfügt, so hat das Bezirksamt die Anzeige je nach der sonstigen Beschaffenheit des Falls entweder selbst zu erledigen oder dem Amtsanwalt zur Uebernahme der Verfolgung zu übermitteln (§. 4 dieser Verordnung).

§. 11.

Die Strafverfügungen der Bezirksämter müssen enthalten:

1. Vor- und Zuname, Stand und Wohnort des Beschuldigten.
2. Die Bezeichnung der dem Beschuldigten zur Last gelegten strafbaren Handlung.
3. Die Bezeichnung der Strafbestimmung, wonach dieselbe zu bestrafen ist.
4. Eine kurze Angabe der Beweismittel.
5. Die festgesetzte Strafe.
6. Die Eröffnung, daß dem Beschuldigten zusteht, gegen die Strafverfügung binnen einer Woche nach der Bekanntmachung bei der Polizeibehörde, welche diese Verfügung erlassen hat, oder bei dem zuständigen Amtsgericht auf gerichtliche Entscheidung anzutragen

oder die Beschwerde an die höhere Polizeibehörde zu ergreifen, sowie daß die Ergreifung des einen Rechtsmittels den Verlust des andern zur Folge hat.

Die Strafverfügungen sind auf Impressen nach dem angeschlossenen Formular I. auszufertigen.

Sind mehrere Beschuldigte vorhanden, so sind so viele Ausfertigungen der Strafverfügung zu machen, daß jedem derselben eine solche zugestellt werden kann.

§. 12.

Wird eine Geldstrafe festgesetzt, so ist zugleich die Dauer der für den Fall der Unbeibringlichkeit an ihre Stelle tretenden Haft (§. 28 und §. 29 Abs. 2 des Str.-Ges.-B.) beizusetzen, sofern die Beitreibung der Geldstrafe nicht zweifellos sicher ist.

Sind Kosten erwachsen, so hat die Strafverfügung zugleich über die Tragung der Kosten (§. 129 Abs. 1 des Einf.-Ges. und §. 496 flg. der Str.-Pr.-Ordn.) sich auszusprechen.

§. 13.

Es ist darauf zu achten, daß die Strafverfügung dem Beschuldigten in Person zugestellt werde.

Wird der Beschuldigte, dem zugestellt werden soll, in seiner Wohnung nicht angetroffen, so kann die Zustellung in der Wohnung an einen zur Familie gehörigen erwachsenen Hausgenossen oder an eine in der Familie dienende erwachsene Person erfolgen.

Wird eine solche Person nicht angetroffen, so kann die Zustellung an den in demselben Hause wohnenden Hauswirth oder Vermiether geschehen, wenn diese zur Annahme des Schriftstücks bereit sind.

Ist die Zustellung nach vorstehenden Bestimmungen nicht ausführbar, so kann sie dadurch erfolgen, daß die Strafverfügung bei der Ortspolizeibehörde niedergelegt wird; eine schriftliche Nachricht, daß dies geschehen, ist an der Wohnungsthür desjenigen, dem zugestellt werden sollte, anzuheften, auch ist, soweit thunlich, zwei Nachbarn davon Mittheilung zu machen.

§. 14.

Die Zustellung der Strafverfügung ist sowohl auf der für den Beschuldigten bestimmten Ausfertigung als zu den Akten zu beurkunden. Am Amtsitze erfolgt sie durch die Amtsdiener, bezw. deren Stellvertreter. Außerhalb des Amtssitzes ist sie unter Benützung des anliegenden Formulars II. durch Vermittlung des Bürgermeisters zu bewirken; der Bürgermeister hat die Strafverfügung durch den Ortsdiener zustellen zu lassen und die Beurkundung des letzteren an das Bezirksamt einzusenden.

Die Amtsdiener bezw. deren Stellvertreter haben eine Zustellungsgebühr von je 20 Pfennig zu beziehen, die Gebühr für Zustellungen, welche durch die Ortsdiener geschehen, wird durch die Gemeindegebührenordnung bestimmt.

Die Zustellungsgebühren der Amtsdiener sind auf Grund monatlicher Verzeichnisse auf die Amtskasse anzuweisen; für die Ortsdiener ist eine Anweisung der Gebühr auf den Ortssteuererheber der an den Bürgermeister zu sendenden Strafverfügung anzuschließen.

Der Rückersatz durch die Bestraften geschieht dadurch, daß die Gebühr einschließlich der etwa erwachsenen Portoauslage mit der Geldstrafe in die Hebrolle, oder, wenn ein Kostenverzeichniß aufgestellt wird, in dieses aufgenommen wird.

§. 15.

Wenn der Beschuldigte einvernommen und die Strafverfügung sogleich nach der Einvernahme erlassen wird, so kann ihm dieselbe zu Protokoll eröffnet werden. Der Beschuldigte muß hiebei über die ihm zustehenden Rechtsmittel, sowie darüber, daß die Ergreifung des einen Rechtsmittels den Verlust des andern zur Folge hat, besonders belehrt und die geschehene Belehrung im Protokoll ausdrücklich beurkundet werden.

Auf Verlangen ist dem Beschuldigten eine Abschrift der Strafverfügung zu ertheilen.

§. 16.

Stellt der Beschuldigte binnen einer Woche nach der Zustellung oder Eröffnung der Strafverfügung beim Amte schriftlich oder mündlich den Antrag auf gerichtliche Entscheidung, so übergiebt dasselbe, falls es nicht auf Grund des Vorbringens des Beschuldigten oder neuerlich gemachter Erhebungen die Strafverfügung zurücknimmt, die Akten dem Amtsanwalt, welcher sie dem Amtsrichter vorlegt.

Wenn der vorgedachte Antrag rechtzeitig beim Amtsgerichte gestellt wird, so wird ihn letzteres dem Bezirksamt zur Veranlassung des Weiteren mittheilen.

Nimmt der Beschuldigte den gestellten Antrag vor Beginn der Hauptverhandlung beim Amtsgericht wieder zurück, so erhält das Bezirksamt hievon durch Vermittlung des Amtsanwalts unter Rücksendung der Akten Nachricht.

Desgleichen wird der Amtsanwalt von der sonstigen Art der Erledigung, welche eine von ihm übernommene Anzeige wegen Uebertretung gefunden hat — und zwar sowohl in denjenigen Fällen, in welchen eine Strafverfügung vorausgegangen, als auch dann, wenn eine solche nicht erlassen war — das Bezirksamt jeweils in Kenntniß setzen.

§. 17.

Ergreift der Beschuldigte binnen der in §. 16 Abs. 1 bezeichneten

Frist die Beschwerde an die höhere Polizeibehörde, so muß er bei dem Bezirksamte denjenigen Inhalt der Strafverfügung, durch welchen er sich beschwert erachtet, ausdrücklich bezeichnen und seine Beschwerde rechtfertigen. Das Bezirksamt legt die Akten, sofern es nicht auf Grund des Vorbringens des Beschuldigten oder nach weiteren Erhebungen die Strafverfügung zurücknimmt, mit Aufschrift unter Beifügung seiner gutfindenden Bemerkungen der höheren Polizeibehörde vor.

Letztere kann die Strafverfügung ohne Weiteres aufheben oder die festgesetzte Strafe mildern oder die Beschwerde zurückweisen.

§. 18.

Ist ein Wiederherstellungsgesuch wegen versäumter Antragsfrist an das Bezirksamt entweder unmittelbar oder von Seiten des Amtsgerichts gelangt, so sind die Akten mit dem Gesuche unter kurzer Darlegung der bezirksamtlichen Auffassung dem Amtsgerichte zur Entscheidung zu übermitteln.

Sucht der Beschuldigte behufs der Beschwerdeführung (§. 17 dieser Verordnung) um Wiedereinsetzung in den vorigen Stand gegen die Versäumung der Beschwerdefrist nach (§. 128 des Einf.-Ges. in Verbindung mit den §§. 44 und 45 der Str.-Pr.-Ordn.), so macht das Amt Vorlage an die höhere Polizeibehörde, welche über das Wiederherstellungsgesuch mit der Beschwerde in der Hauptsache entscheidet.

§. 19.

Die höhere Polizeibehörde im Sinne der §§. 6, 11 Ziff. 6, 17 und 18 dieser Verordnung ist der dem Bezirksamt vorgesetzte Landeskommissär.

§. 20.

Wird rechtzeitig ein Rechtsmittel gegen die Strafverfügung nicht ergriffen oder der gestellte Antrag auf gerichtliche Entscheidung zurückgenommen oder im Falle der Einlegung der Beschwerde diese zurückgenommen oder verworfen oder erklärt der Beschuldigte nach vorschriftsmäßiger Eröffnung der Strafverfügung seine Unterwerfung unter dieselbe, so ist die festgesetzte Strafe durch das Bezirksamt zu vollstrecken.

Hiebei stehen, wenn eine Haftstrafe zu vollziehen ist, dem Bezirksamt die Befugnisse des §. 489 der Strafprozeßordnung zu; auch finden die §§. 487, 488 und 493 der Strafprozeßordnung entsprechende Anwendung.

Ueber Beschwerden, welche den Vollzug der Strafverfügung betreffen, hat der Landeskommissär zu entscheiden.

§. 21.

Die Bezirksämter haben von vollzugsreif gewordenen Strafverfügungen in den Fällen des §. 361 Ziff. 3 bis 9 und des §. 363 des Strafgesetzbuchs sowie bei sonstigen erheblicheren Uebertretungen

a. bezüglich badischer Staatsangehöriger, deren Geburtsort im Großherzogthum liegt, der Gemeindebehörde (Bürgermeisteramt) des Geburtsortes,

b. bezüglich aller übrigen Reichsangehörigen der betreffenden Bezirkspolizeibehörde des Geburtsortes Nachricht zu geben.

§. 22.

Die Bezirksämter haben bei allen ihnen nach dem Gesetz und nach dieser Verordnung obliegenden Verrichtungen darauf hinzuwirken, daß die Erledigung thunlich rasch erfolge, ohne daß jedoch die Verlässigkeit des Verfahrens darunter Noth leide.

Ueber die bei ihnen zur Anzeige kommenden Uebertretungen sind Tabellen nach dem Formular III. zu führen.

Die Tabelle ist jedes Jahr neu anzulegen. Bei Bezirksämtern, welche aus mehreren Amtsgerichtsbezirken bestehen, ist für jeden Amtsgerichtsbezirk eine besondere Tabelle und ebenso bei den Bezirksämtern, welche in Städten ihres Bezirks die Ortspolizei verwalten, für die in den betreffenden Städten und in den übrigen Bezirksorten verübten Uebertretungen je eine besondere Tabelle zu führen.

Die Tabelle enthält fortlaufende Ordnungsnummern, die mit jedem Jahr mit Nummer 1 beginnen; sie ist vierteljährig abzuschließen. In das nächste Vierteljahr werden zuerst die Rückstände von dem vorhergehenden unter Beibehaltung ihrer Ordnungsnummern und hierauf die neu anhängig werdenden Anzeigen eingetragen. In die neue Jahrestabelle werden zunächst die Rückstände vom vorhergehenden Jahr nach Quartalen und unter Beibehaltung ihrer Ordnungsnummern eingetragen.

Jede Anzeige ist am Tage ihres Einlaufs in die Tabelle einzutragen.

Den Landeskommissären ist vierteljährig die Tabelle zur Einsicht und Prüfung einzusenden; diese Vorlage hat in den ersten acht Tagen des nächsten Quartals zu geschehen.

Das Ministerium des Innern wird auf Grund dieser Vorlagen besondere Nachweisungen von den Landeskommissären erheben.

B. Bürgermeister.

§. 23.

Die Bürgermeister haben da, wo ihnen die Verwaltung der Ortspolizei übertragen ist, auf die an sie gelangten Anzeigen wegen Uebertretungen, welche zu den in §. 130 unter a. bis e. des Einführungsgesetzes bezeichneten gehören, nach Maßgabe dieser Gesetzesbestimmung die für verwirkt erachtete Strafe festzusetzen.

Betrifft die Anzeige eine Uebertretung, zu deren Erledigung nach der

Art der letzteren der Bürgermeister gesetzlich nicht zuständig ist, oder ist die angezeigte Uebertretung außerhalb der Gemarkung verübt, so ist sie ungesäumt dem Bezirksamte vorzulegen.

Das Gleiche hat zu geschehen, wenn der Bürgermeister eine seine Befugniß übersteigende Strafe (2 Tage Haft oder 10 Mark und in Städten von mehr als 3000 Einwohnern 30 Mark Geldstrafe) für verwirkt erachtet oder ihm gegen den Angezeigten eine Befugniß zur Strafverfügung (§. 131 des Einf.-Ges.) nicht zusteht.

§. 24.

Auf das von Bürgermeistern bei Erlassung von Strafverfügungen einzuhaltende Verfahren finden die in den §§. 11 bis 15 dieser Verordnung enthaltenen Vorschriften gleichfalls entsprechende Anwendung.

Die Strafverfügungen der Bürgermeister sind, soweit sie nicht nach Einvernahme des Beschuldigten mündlich eröffnet werden, auf Impressen nach Formular **IV.** auszufertigen.

§. 25.

Sobald die vom Bürgermeister erlassene Strafverfügung vollzugsreif geworden ist (vergl. §. 20 Abs. 1 dieser Verordnung), ist die festgesetzte Strafe von ihm zu vollstrecken.

Behufs Vollstreckung einer Haftstrafe steht dem Bürgermeister die in §. 489 Abs. 1 der Strafprozeßordnung bezeichnete Befugniß zu.

§. 26.

Die höhere Polizeibehörde, welche die gegen eine bürgermeisteramtliche Strafverfügung im Verwaltungswege ergriffene Beschwerde zu entscheiden hat, ist das vorgesetzte Bezirksamt.

Dem Bezirksamt ist auch dann Vorlage zu machen, wenn der Beschuldigte gegen eine Strafverfügung des Bürgermeisters den Antrag auf gerichtliche Entscheidung gestellt hat.

Das Bezirksamt kann, wenn Beschwerde gegen die Strafverfügung des Bürgermeisters ergriffen ist, entweder lediglich die Beschwerde entscheiden oder unter der Voraussetzung des §. 135 Abs. 1 des Einführungsgesetzes die Strafverfügung aufheben und die Sache selbst an sich ziehen.

Ist der Antrag auf gerichtliche Entscheidung gestellt so wird das Bezirksamt auf die vom Bürgermeister zu machende Vorlage prüfen, ob die weitere Verfolgung der Sache einzuleiten und demgemäß die Akten dem Amtsanwalt zu übersenden, oder ob die Strafverfügung aufzuheben sei. Eine Uebernahme der Sache durch das Bezirksamt selbst findet in diesem Falle nicht statt.

§. 27.

Die Bezirksämter haben darüber zu wachen, daß die Bürgermeister von der ihnen eingeräumten Befugniß zu Straffestsetzungen einen richtigen

Gebrauch machen und die bei ihnen einkommenden Anzeigen thunlichst rasch zur Erledigung bringen.

In den in §. 135 Abs. 1 des Einführungsgesetzes bezeichneten Fällen hat das Bezirksamt die Erledigung selbst in die Hand zu nehmen, sofern dies nach Abs. 2 ebendaselbst noch statthaft ist.

§. 28.

Die Bürgermeister haben über die an sie gelangten Anzeigen wegen Uebertretungen und über deren Erledigung eine Tabelle nach Formular V. zu führen, welche am Schlusse jeden Vierteljahrs abzuschließen und mit den Anzeigebühren der Ortspolizeidiener an das Bezirksamt zur Prüfung einzusenden ist. Diese Prüfung ist möglichst zu beschleunigen, damit die Tabelle alsbald wieder zurückgesendet werden kann. Den Bezirksämtern bleibt vorbehalten, für einzelne Gemeinden öftere Vorlage anzuordnen.

Die Tabelle enthält fortlaufende Ordnungsnummern, die alljährlich mit Nummer 1 beginnen. Bei Geldstrafen ist der gehörige Vollzug, d. i. die geschehene Bezahlung des Strafbetrags zur Gemeindekasse, vom Gemeinderechner beim jeweiligen Abschlusse der Tabelle ausdrücklich mitzubescheinigen.

II. Finanzstrafverfahren.

§. 29.

Die Anzeigen wegen Zuwiderhandlungen gegen die Vorschriften über Entrichtung von Hundstaxen (Gesetz vom 21. November 1867, Regierungsblatt Nr. LIV., beziehungsweise vom 22. Mai 1876, Gesetzes- und Verordnungsblatt Nr. XIX.) sind von den Bezirksämtern als Bezirksverwaltungsbehörden, die Anzeigen wegen Zuwiderhandlungen gegen das Gesetz vom 18. Dezember 1867 (Regierungsbatt 1868 Nr. I.) über die Bestrafung der Vorenthaltung von Gemeindeabgaben von den Bürgermeistern durch Strafbescheide zu erledigen.

In Betreff des hierbei einzuhaltenden Verfahrens und der Beschwerdeführung an die höhere Verwaltungsbehörde finden die Vorschriften unter I. dieser Verordnung entsprechende Anwendung.

Die in §. 12 Absatz 1 vorgeschriebene Beisetzung der im Falle der Unbeibringlichkeit der Geldstrafe an deren Stelle tretenden Haft hat jedoch zu unterbleiben; erweist sich die im vollstreckbaren Strafbescheide festgesetzte Geldstrafe als unbeibringlich, so sind die Akten vom Bezirksamt bezw. vom Bürgermeister durch Vermittlung des Bezirksamts der Staatsanwaltschaft zur Veranlassung einer gerichtlichen Entscheidung wegen Umwandlung der Geldstrafe in die entsprechende Freiheitsstrafe mitzutheilen. (§. 463 der Str.-Pr.-Ordn.)

Die bezüglichen Anzeigen sind in die bezirksamtliche, bezw. bürgermeisteramtliche Polizeistraftabelle mitaufzunehmen.

Karlsruhe, den 11. September 1879.

Großherzogliches Ministerium des Innern.

Stösser.

Vdt. Nebe.

Formular I.

Strafverfügung.

Der Angezeigte

1. Vor- und Zuname:
2. Stand:
3. Wohnort:
4. Bezeichnung der strafbaren Handlung: ist beschuldigt, daß er am
5. Kurze Angabe der Beweismittel:
6. Anwendbare strafgesetzliche Bestimmung: Auf Grund der §§.

wird gegen ihn eine Geldstrafe von Mark / Haftstrafe von Tagen festgesetzt.

Auch hat er die Kosten zu tragen.

An Stelle der Geldstrafe tritt im Falle der Unbeibringlichkeit eine Haftstrafe von Tagen.

Der Beschuldigte kann gegen diese Strafverfügung binnen einer Woche nach Zustellung derselben bei dem unterzeichneten Bezirksamte oder beim Amtsgerichte auf gerichtliche Entscheidung antragen oder binnen der gleichen Frist beim Bezirksamte Beschwerde an die höhere Polizeibehörde einlegen.

Die Ergreifung des einen Rechtsmittels hat den Verlust des andern zur Folge.

, den ten 18

Großherzogliches Bezirksamt.

Zugestellt dem
am ten 18

Bemerkungen.

1. Die Strafverfügung ist dem Beschuldigten in Person zuzustellen; kann dies nicht geschehen, so ist nach dem §. 13 Abs. 2 bis 4 der Verordnung vom 11. September 1879 zu verfahren.
2. Der Antrag auf gerichtliche Entscheidung kann bei dem Bezirksamte schriftlich oder mündlich, bei dem Amtsgerichte schriftlich oder zu Protokoll des Gerichtsschreibers angebracht werden.

   Die Beschwerde an die höhere Polizeibehörde muß bei dem Bezirksamt mündlich oder schriftlich unter Bezeichnung der Beschwerdepunkte angezeigt und gerechtfertigt werden.
3. Der Antrag auf gerichtliche Entscheidung kann in gleicher Weise (Ziff. 2 Abs. 1) beim Amtsgericht oder Bezirksamt bis zum Beginne der Hauptverhandlung zurückgenommen werden.

   Die Beschwerde an die höhere Polizeibehörde kann bei letzterer selbst schriftlich, beim Bezirksamt schriftlich oder mündlich zurückgenommen werden.
4. Wiedereinsetzung in den vorigen Stand gegen Versäumung der Antrags- oder Beschwerdefrist findet nur unter den in den §§. 44 und 45 der Strafprozeßordnung bezeichneten Voraussetzungen statt.

   Die Wiederherstellung wegen Versäumung der Frist zur Stellung des Antrags auf gerichtliche Entscheidung kann beim Bezirksamt oder beim Amtsgericht nachgesucht werden.

   Wiederherstellung wegen Versäumung der Frist zur Beschwerdeführung an die höhere Polizeibehörde ist beim Bezirksamt nachzusuchen.

Formular IV.

Strafverfügung.

Der Angezeigte

1. Vor- und Zuname:	
2. Stand:	
3. Wohnort:	
4. Bezeichnung der strafbaren Handlung:	ist beschuldigt, daß er am
5. Kurze Angabe der Beweismittel:	
6. Anwendbare strafgesetzliche Bestimmung:	Auf Grund der §§.

wird gegen ihn eine Geldstrafe von Mark / Haftstrafe von Tagen festgesetzt.

Auch hat er die Kosten zu tragen.

An Stelle der Geldstrafe tritt im Falle der Uneinbringlichkeit eine Haftstrafe von Tagen.

Der Beschuldigte kann gegen diese Strafverfügung binnen einer Woche nach Zustellung derselben bei dem unterzeichneten Bürgermeister oder beim Amtsgericht auf gerichtliche Entscheidung antragen oder binnen der gleichen Frist beim Bürgermeister Beschwerde an die höhere Polizeibehörde (Bezirksamt) einlegen.

Die Ergreifung des einen Rechtsmittels hat den Verlust des andern zur Folge.

, den ten 18

Der Bügermeister.

Zugestellt dem
am ten 18

Register.

(Die Zahlen verweisen auf die Paragraphen.)

Berichtigung und Zusatz.

In der Ueberschrift der Anl. C. S. 103 lies „**Ausführungsbestimmungen** der Landesgesetze" statt „Strafbestimmungen der Landesgesetze". —

Zusatz zu Anm. 1 Seite 56:

Ueber die Beschränkungen der Zuständigkeit in Württemberg vgl. Art. 10 des Ges. v. 12./8. 79 (S. 137), in Baden §. 130 des Ges. v. 8./3. 79 (S. 145).

FSC
www.fsc.org
MIX
Papier | Fördert gute Waldnutzung
FSC® C083411

Kolibri 360 GmbH
Ferdinand-Jühlke-Straße 7
99095 Erfurt, Deutschland
produktsicherheit@kolibri360.de